王成太极

【 脉守古法　创新求真　体系完备　独具一格 】

WANGCHENG TAICHI

王　成 △著

·上卷

经济管理出版社
ECONOMY & MANAGEMENT PUBLISHING HOUSE

图书在版编目（CIP）数据

王成太极（上卷）/ 王成著 . —北京：经济管理出版社，2018.6

ISBN 978-7-5096-5598-6

Ⅰ . ①王… Ⅱ . ①王… Ⅲ . ①太极拳—研究 Ⅳ . ① G852.11

中国版本图书馆 CIP 数据核字（2017）第 323885 号

组稿编辑：王光艳
责任编辑：许　兵
责任印制：黄章平
责任校对：赵天宇

出版发行：经济管理出版社
　　　　　（北京市海淀区北蜂窝 8 号中雅大厦 A 座 11 层　100038）
网　　址：www.E-mp.com.cn
电　　话：（010）51915602
印　　刷：三河市延风印装有限公司
经　　销：新华书店
开　　本：710mm×1000mm/16
印　　张：16
字　　数：238 千字
版　　次：2018 年 9 月第 1 版　2018 年 9 月第 1 次印刷
书　　号：ISBN 978-7-5096-5598-6
定　　价：88.00 元

1. 张晨光老师
2. 与洪钧生老师
3. 与秘道纯老师
4. 与冯志强老师推手

发扬武术

洪均生

太極功夫

修己善群

九四年春 冯志強題

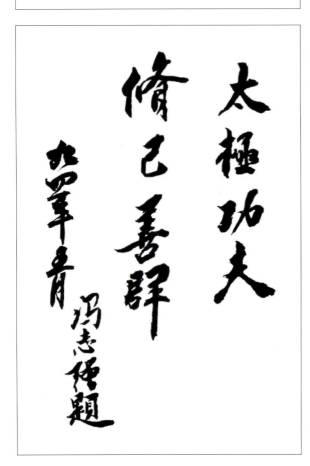

乐 观

王焱贤弟子 志付 一九九三新年

八十老人书题

冯志强先生，陈式太极十八代宗师，北京陈式太极拳研究会会长，志强武馆馆长，全国著名武术家。

1
2
3

1. 洪钧生老师题词
2. 冯志强老师题词
3. 洪钧生老师题词

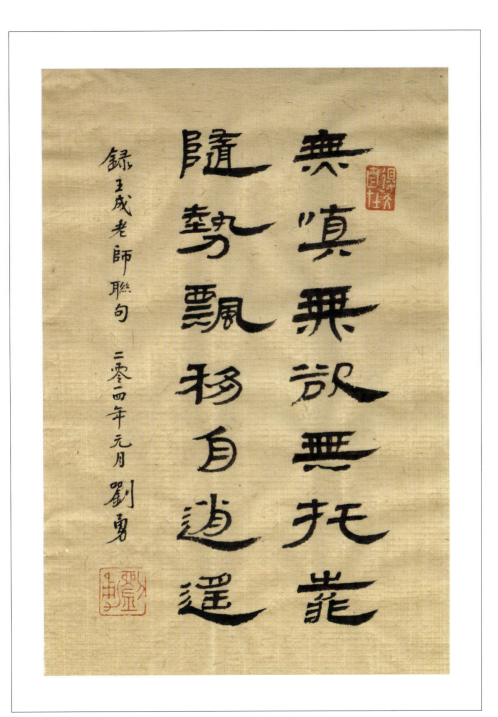

无嗔无欲联（隶书）

1. 俄罗斯求学者
2. 加拿大小武者
3. 法国求学者

1	4
2	5
3	6

1. 北京电建建设集团 200 人太极表演
2. 天津讲座
3. 郑州讲座
4. 山东中华武术电视采访
5. 武城宋英芳辅导太极拳
6. 中国水电西安 15 局太极比赛

序 言

　　陈式太极拳历经三百余年，发展创新从未停止。其第六代传人陈长兴，可谓里程碑式的人物，深得太极拳理法精髓，积数十年实践经验，将先祖陈王廷初创的数个套路精减为两路且流传至今。同为第六代传人的陈有本创编出新架，现称小架。第七代传人陈清平、杨露禅更有所创。至武禹襄、吴全佑、孙禄堂、陈发科等名家辈出，他们不论从太极拳的样式上还是内涵上都各有建树。继陈发科宗师之后，有洪公钧生的《陈式太极拳实用拳法》及其弟子的《王成太极论》。世代相袭，代有贤才。太极拳也正是在这样的发展过程中，其理论体系不断完善，更加丰富。

　　《王成太极论》自2015年发行以来，深受广大读者欢迎，现今王成先生又应邀编写了《王成太极》一书。该书在太极理法上，不仅继承了中国传统哲学思想，同时也融入了当代科学和哲学思维方法，并将这一理论渗透到他的太极基本功法、套路、器械、推手、对练、散手，以至于养生修行，形成了一个较为完整的体系。该书披露了一些传统的练功方法，并纠正了一些太极拳界的偏颇，实属难得，为读者幸事。

　　王成先生习武凡五十余年，师出名门。得张晨光、洪钧生等名家悉心传授，又有秘道纯、冯志强等武林前辈的点拨，加之其个人文化品位、悟性皆超常人，尽得太极理法之精髓。

"天下之物莫不有理。"

"拳虽小技，皆本太极正理。"

《王成太极》论的是"理"，是科学的世界观和自然规律。此为正理。太极拳与任何教派都扯不上关系，至于少数标榜"仙传佛授"者无非是牟取私利，自欺欺人，导致社会上邪教频出，"大师"频现，害人害己。

太极拳是武术，并且是武术高层次体现，它展示的不仅是健身，而且是完整的武术内容。《王成太极》深深植根于中国传统武术，其功法、27 式套路、对练、桩功、基本功都充分体现出王成先生独有的技击和实战技巧。在散手实战中，更有"太极应对三篇"，这是一种武学理念。它包括："作战篇"，是武术的根基，是一种长期的养成；"应对篇"，是深厚的内在涵养，大家风范必具；"接手篇"，是武术的承载，抑或是一种境界，高深莫测。在散手实战中，如何达到此等境界，毋庸置疑，必须潜心修炼。如何修炼？王成先生"予学者一捷径"，就是"王氏法则"。

"王氏法则"是王成先生在数年散手实战教学和实践中总结、提炼出的各种技击动作，并加以分类，"以图在更深的层面上反映太极拳实战时双方攻防动作发生变化的规律性"。此法则有五，理精法密，练到纯熟（上身）时，便成自然，随遇而安、一触即发。"王氏法则"为太极技击、散手实践的爱好者们提供了一条入门捷径。

有人说，太极拳是"文人拳""哲学拳"，或更准确地说是一种"理学拳"，既是"理学拳"就须先明理。陈鑫在"学拳须知"中这样要求："学太极拳先学读书，书理明白，学拳自然容易。"王成先生在回答什么是正宗太极拳时说："只要合乎太极理论的都是正宗。"陈鑫言："太极，理也"，"理根太极，故名曰太极拳"。

当今传授和研习太极拳者甚众，是一种可喜的文化现象。然而作为太极文化的传播者，是否能健康地、准确地把太极文化传授给大家，王成先生为我们提供了范本，这就是《王成太极论》和《王成太极》。

丁大宏

2017 年 9 月于合肥

自 序

　　余少年好武，幸得张晨光老师精心传授，秘道纯老师时常指点，习练太极拳，多有心得，后经张师推荐至济南洪钧生老师门下，颇受洪师青睐。

　　日月如梭，转眼五十余载，惠我者拳，累我者亦拳。幸也，少时目睹聆听老武术家的示范教诲；憾也，少不更事，未细心记忆老人们技艺和武林真实掌故，致使一些技艺和真相泯灭于光阴流逝之中。追思以往，喜憾参半。

　　事物杂纷，唯习练未敢懈怠，蒙众人抬爱，布道四处，心中忐忑，唯恐误导他人，时刻虚心求证，欲与友齐、与学生齐，踉踉跄跄，疲惫跟行，不欲落伍。然，竟受过誉，丁大宏先生来电言"能练、能说、能写、能干，鲜矣，应多劳，责任使然"。听罢，更加不安，斤两自知，能力不逮，唯努力方是。

　　1994年著成《太极健身实用对练》出版，该书次年在台湾再版，受到广大爱好者欢迎。2015年出版《王成太极论》，现又应邀撰写《王成太极》。按出版社要求，该书力求翔实、明了、系统、完整，对一些技法做了详细描述，再现传统原貌；用史料和传承比较对太极拳的形成做出合理的解说，对太极拳的养生和击技做出科学合理的详尽解释，阐他人未阐，并对太极拳制定出可行评估标准，使众说纷纭的议题有了参考标准；针对大众练习中的困惑，进行了逐一解答，可使读者解惑。

编著该书，深感力绌，幸平时记有文稿，更有诸人鼎力：周业安先生、陈翔云女士帮助整理编辑，周业安先生并主笔《王成27式太极拳：传承和发展》；书中有关医疗作用章节求证了运动医学教授傅力先生；朱成广、李云、郭道雨、苗云涛等帮助校对，刘兵、李铁柱、王坤、孙彦国、李文厚、沈平、刘杨、张静维、张钰欣帮助拍摄照片，梁勇、要学良、马鸿、周明亮、吴士增、刘红卫帮助修图，钮华明、尹秀超、章泉、邱平、余晨阳等安排书稿讨论，整理纪要，蔡文晓、窦如辉、李宗银、陈业武、张莉、闫仁秋、张德忠等人对该书出版提出一些建议；丁大宏先生再次作序，牛子题词，出版社王光艳女士几次参与书稿讨论并提出建议。在此一并感谢所有参与或支持出书工作的诸人。

王　成

2017 年夏，于英国剑桥

目 录

第一章
传统太极拳概述

　　太极拳，是中国哲学思想在传统武术中的完美体现，它不仅是一种高超的武术技艺，同时也是中国优秀传统文化的载体之一。太极深刻地展示了阴阳相生相胜、相互转化、对立统一的辩证思想，这种思想早在五千年前就已形成，春秋战国时期基本完备，比如老子的《道德经》，以及战国之前的《易经》，都充分体现了太极辩证思想，给人们指出了一种趋利避害的思维方法和世界观。太极思想缘起河图洛书中的朴素思想，经过"易"的体系化过程，在历史的长河中逐渐发展完善，到宋明时期达到最高峰，周敦颐的《太极图说》和朱熹的《太极图说解》是阐述太极思想的经典著作之一。朱熹把人和自然的普遍规律解释为理，太极就是理，就是道，理生气并寓于气中，理和气的统一就形成了天下万物。朱熹通过理和气等构建了一个完善的太极理论，这就为后来太极拳的产生提供了充分的思想准备。同时宋明时期传统武术也达到了最高峰，戚继光的《纪效新书》和俞大猷的《剑经》首次提出了比较系统的武术理论，戚继光设计的32式长拳也广为流行，成为中国传统武术历史上第一次大综合，所有这些都为后来包括太极拳在内的新的武术拳种的出现打下了坚实的基础。太极拳正是在明末清初应运而生，把中国的太极思想在武术上完整地体现出来，成为中国优秀传统文化的载体之一；在技术上它把技击与养生高度统一起来，成为中国人喜闻乐见的养生健身术。

太极拳从其招式到指导思想无不渗透着中国太极哲学思想，彰显着中国人处事的智慧。它现在是中国对外交流的一张名片，看到太极拳就马上联想到中国文化，中国神韵。

第一节 太极释义

一、太极的缘起

太极拳是中国传统武术中冠以太极之名的武术派别，通常和形意拳、八卦掌一起被称作内家拳的三大代表。太极拳以中国古代太极思想为指导，把太极思想融入传统武术当中，形成了一整套独具特色的武术理论和技术体系，太极一词即高度概括了这种深邃思想。要学好太极拳，必须了解一点太极思想。

首先，太极一词最早出自《庄子·大宗师》，该篇写道："在太极之上而不为高，在六极之下而不为深。"[1] 不过，广为流传的说法来自《易经》，这本书的"系辞上十一"说："是故'易'有太极，是生两仪，两仪生四象，四象生八卦。"[2] 这些太极思想后被广为传播，并成为各行各业的行动指南之一。

太极思想的起源与河南这个地方密不可分。相传龙马出黄河，伏羲根据其背负的图纹作《河图》，画八卦；大禹治水时，神龟现洛河，大禹根据其背负的图纹作《洛书》。《河图》与《洛书》是中国传统文化之源，

---

[1] 陈鼓应：《庄子今注今译（上册）》（最新修订版），第213页，商务印书馆，2007年版。

[2] 陈鼓应、赵建伟：《周易今注今译》，商务印书馆，2007年版。关于"太极"一词的最早出处存在争议，通行的说法是出自《周易》，但也有不少说法认为是出自《庄子》。马王堆帛书《周易》中，并没有太极的说法，而是说"易有大恒"，参见于豪亮：《马王堆帛书〈周易〉释文校注》，第121页，上海古籍出版社，2013年版。朱伯崑考证后认为，《系辞》晚于《庄子·大宗师》，应该成书于战国后期。参见朱伯崑：《易学哲学史》（第一卷），第71页，华夏出版社，1995年版。陈鼓应也认同这一观点，认为《系辞传》中的"太极"一词可能源自《庄子》。参见陈鼓应：《庄子今注今译（上册）》（最新修订版），第214-215页，商务印书馆，2007年版。

河洛地区也成为中国传统文化的主要发祥地，相传《周易》就是在《河图》与《洛书》基础上形成的，而先秦哲学家及后世大儒中许多都与河洛地区有关联。《河图》与《洛书》如图 1-1、图 1-2 所示①。

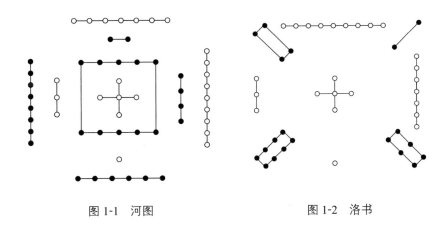

图 1-1　河图　　　　　　　　　　　图 1-2　洛书

从地理位置上看，河南巩义县与温县相邻，是黄河与洛水的交会处，中国的先祖在此孕育出灿烂的早期文明，并形成了以《河图》与《洛书》为代表的早期思想体系。自羲皇画出先天八卦之后，周文王演作复卦，即"后天八卦"或"文王八卦"，并演变出《周易》②；后孔子作"十翼"，其他先哲续作补充，各自阐发自己对自然规律的认知和理解，终于形成了整个中华文明和哲学思想体系。尤其在北宋年间，大学者周敦颐作《太极图说》，以太极为核心，比较系统地阐述了当时的哲人对人与世界之关系及演变的看法，后朱熹作《太极图说解》，进一步从儒学视角阐述了太极思想，并把该思想发展成为宋明理学的重要组成部分。宋明理学对后世的武术发展也产生了很大的影响。

太极思想是中国最古老的哲学思想之一，从伏羲作八卦到孔子作"十翼"，无不是按照这个哲学思想，对世间万物进行归纳解释。这个理论从中国氏族社会开始，到宋明时期发展到极致，形成了完整系统的体系。但是由于受文化普及的限制，加之太极理论的叙述烦琐，能够理解

① 该图来自［清］江永：《河洛精蕴》，第 3 页，九州出版社，2015 年版。

② 也有说法为三易，即神农所作《连山易》，黄帝所作《归藏易》，以及殷商末年出现的《周易》，后者认为《周易》乃周文王因于羑里（河南汤阴县北）时整理和注述而成。

掌握太极理论的人很少，只是局限于士大夫阶层，听济南老辈人说，国民党将领胡宗南为请教易经大师刘子衡先生，舍弃随从车马，步行登门求教，足见其重视程度，也给历史留下一段佳话。

太极这个哲学思想由于它的深奥，也是由于它的表达方法与现代认识的隔膜，致使好多人不能理解它的真正含义。它就像一个触不可及的神秘之物，看不到，摸不着，但又实实在在存在于我们周围。中国的宗教、民俗、艺术、乐律、军事、古代科技（天文、历法、医学、算学等）、衣食住行、娱乐、婚配、生育、生产活动等，无不与这个神秘的文化有着密切关系，人们对这个神秘之物怀着敬畏和好奇。用这个哲学思想作指导的拳术——太极拳，由于它是健身和技击高度的统一，力学和生理学的巧妙配合，给人们一个向往的空间，同时也带有神秘色彩。

从清朝末年以来，太极拳的神秘面目逐渐在人们的面前呈现出来，它的健身与技击高度和谐及完美结合给人们一个崭新的理念，人们对太极拳有着极大的关注与向往。这个巨大的需求也促使一些追逐名利者，改头换面，伪做太极拳，欺骗世人，以获得自己的私利。这个时期也正是社会动荡时期，每逢社会大的动荡，必定有鬼怪邪祟，乌烟瘴气。从而，对太极拳的神怪附会、臆想猜度、谎话流言纷纷涌现，争先恐后地拉大旗作虎皮，骗人骗己。这不但给人们的认识造成了混乱，同时也把自己搞得难圆其说，漏洞百出，给太极拳造成不利影响。当然，从另一个方面来看，也说明太极拳的优秀，因为假冒制品都是仿冒好的商品，不好的东西不会有许许多多的假冒货。武松之所以受到人们赞扬是因为其打虎，如果打的是小猫，就不会有人津津乐道地传扬了。

由于有些人没有真正明白太极的道理，没有从根本上理解太极拳的内涵，故而本末倒置，源支不分，逮着正宗不正宗的归属，口战不休。

二、什么是太极

我们先看看什么是太极，知道什么是太极，才能真正懂太极拳，也才能解释学练太极拳过程中所遇到的各种问题。

太极是道，是万事万物发展变化的道理。

《易经》"系辞上十一"中说："是故易有太极，是生两仪，两仪生四象，四象生八卦。"我国台湾的国学名家陈鼓应、赵建伟对此注释道："'太极'即混沌未分的一气，犹如老子'道生一'的'一'。"[①]国学名家杨天才和张善文也认为："太极，宇宙之本体……象征着万物生成之本原，包括天地之最大、最高之物，故称为'太极'。"[②]可见太极就是古人看待宇宙的原初状态，是万事万物生成之原。宇宙原本混沌，是为"太极"，后人也称"无极"；自太极始，分阴阳，衍生出万事万物。这就是所谓太极生两仪，两仪生四象，四象生八卦。也就是老子所说的"道生一，一生二，二生三，三生万物。"[③]古人用太极来解释万物生生不息之道，是中国传统独特的世界观。这个世界观在西方直到诺贝尔奖得主普利高津提出耗散结构理论等学说，才开始形成。可见中国古人的智慧是多么高明。

到北宋年间，大哲学家周敦颐写下了《太极图说》，提出以太极为中心的世界创成说。他说："无极而太极，太极动而生阳，动极而静，静而生阴，静极复动，一动一静，互为其根，分阴分阳，两仪立焉。阳变阴合，而生水、火、木、金、土，五气顺布，四时行焉。五行一阴阳也，阴阳一太极也，太极本无极也。五行之生也，各一其性。无极之真，二五之精，妙合而凝，乾道成男，坤道成女。二气交感，化生万物，万物生生，而变化无穷焉。惟人也得其秀而最灵，形既生矣，神发知矣，五性感动而善恶分，万事出矣。圣人定之以中正仁义而主静，立人极焉。故圣人与天地合其德，日月合其明，四时合其序，鬼神合其吉凶。君子修之吉，小人悖之凶。故曰：'立天之道，曰阴与阳。立地之道，曰柔与刚。立人之道，曰仁与义。'又曰：'原始反终，故知死生之说。'大哉易

---

① 陈鼓应、赵建伟：《周易今注今译》，第634页，商务印书馆，2007年版。
② 杨天才、张善文（译注）：《周易》，第596页，中华书局，2011年版。
③ 陈鼓应：《老子今注今译》（参照简帛本最新修订版），第233页，商务印书馆，2006年版。

也，斯其至矣。"①周敦颐的太极思想得自陈抟，陈抟喜好读《易经》，手不释卷。

不过，把太极思想上升到哲学体系，并成为宋明理学的重要组成部分，则是朱熹的功劳。南宋朱熹把周敦颐的太极思想和儒学结合起来，站在《周易》的高度，对太极思想进行了儒学视角的诠释，并由此建立了一个完整的系统的太极理论，他还专门写了《太极图说解》，对周敦颐的太极思想做了详细的解说。他提出："事事物物皆有个极，是道理之极致。"又说："此是一事一物之极。总天地万物之理，便是太极。太极本无此名，只是个表德。"②他解释了太极和阴阳之间的关系，写道："太极，形而上之道也；阴阳，形而下之器也。是以自其著者而观之，则动静不同时，阴阳不同位，而太极无不在焉。……有太极，则一动一静而两仪分；有阴阳，则一变一合而五行具。……盖合而言之，万物统体一太极也；分而言之，一物各具一太极也。"③可见太极就是万物之理或道，而阴阳则是万物之具体的生存和发展过程，太极统领这个过程。自朱熹之后，太极思想和《易经》真正融合，并成为儒家的重要思想之一，深刻且广泛地影响着中国社会的方方面面。所以，后世不少人把太极拳中的太极思想仅仅归为道教一脉，是不准确的，也是不符合事实的。

古人通过所谓的太极图来表达这一思想，如图1-3所示。太极图的圆就是宇宙混沌，就是太极，就是理，就是道。圆的中间分阴阳，代表天下万物的运行过程，阴阳相生相胜、相互转换，意味着天下万物的生生不息，复杂多样。这个太极图后来被很多好事者当作了太极拳的图腾之一，并且把太极拳和道教紧密地联系在一起。实际上太极拳只不过是以太极思想为指导，并非道教的产物。更何况这个太极图原本也没那么玄乎，只不过是后人叠加附议，让其变得玄奥起来。

① 元脱脱等撰：《宋史 卷四百二十七 列传第一百八十六》，载《宋史》（第三十六册，卷四一五至四三〇（传）），总第12712页，中华书局，1977年版。

② 参见《朱子语类》（卷九十四周子之书），第2375页，（宋）黎靖德（编）：《朱子语类（全八册）》（六），王星贤（注解），中华书局，1986年版。

③ 参见朱熹：《太极图说解》，载《朱子全书》（册十三），第72-73页，朱杰人、严佐之、刘永翔、刘永翔（编）：上海古籍出版社、安徽教育出版社，2010年版。

从先哲的论述中，我们可得知：太极是万事万物存在、发展、变化的规律；也就是事物发展变化的对立统一的辩证关系。太极思想是一种中国古典哲学理论，是儒家学说、道家学说以及道教思想等综合而成的思想体系，把这种理论用于指导练习的拳术就是太极拳。这里我们知道了太极是变化的道理。

图 1-3 天地自然河图 [1]

三、太极与八卦、五行的关系

太极是事物变化的道理，五行是进行变化的事物或物质，是变化道理的体现物，也就是谁要发生变化。八卦是事物变化的方位即时间和空间，也就是说它表示在什么方向、什么地点发生变化。理、物质和方位（时间、空间）三者构成了世间万物的发展变化。

五行是指金、木、水、火、土。中国古代人认为这五种物质是原始物质，而这些原始物质生成万物。中国西周末年的史伯说："以土与金、木、水、火杂，以成百物。"[2] 可以说，五行类似于西方科学中的元素，万事万物都可以分解成不同的元素。但中国古代的五行学说又比西方科学更加复杂，这是因为五行存在相生相胜，而不是简单的排列组合。这是中国传统哲学中的整体论的体现。

---

① 该图引自冯时：《中国天文考古学》，第 360 页，社会科学文献出版社，2001 年版。冯时考证发现，所谓的太极图其实就是古代的河图，周敦颐得自陈抟，陈抟得自《周易参同契》。也就是说，朱熹的太极理论和周敦颐的太极思想是有区别的，周敦颐是道教的太极思想，和《易经》关系并不密切；而朱熹是儒家的太极思想，与《易经》有关。即便如此，这个太极图也被过度解读了。太极图实际上是古人观天象、推断气候等形成的朴素思想，可以说是最古老的天文学和气象学雏形。迄今在彝族古文化中还能找到相关的图案文字。太极图的中间并非黑白，而是两条龙蛇的缠绕。从这点看，太极图与道教也毫无关系。

② 徐元浩（撰）：《国语集解》，王树民、沈长云（点校），第 470 页，中华书局，2002 年版。

八卦是指乾、坤、震、巽、坎、离、艮、兑。八卦分为先天八卦和后天八卦。伏羲八卦——先天八卦：离东，坎西，乾南，坤北，巽西南，艮西北，震东北，兑东南。文王八卦——后天八卦：震东，兑西，离南，坎北，坤西南，乾西北，巽东南，艮东北。先天八卦着眼于静态的宇宙体，后天八卦着眼于天地万物的运行用事。

八卦既配八方也配四时。关于八卦与四时的关系，汉代人有"爻辰"和"卦气"之说①。所谓"爻辰"就是用重卦的爻与地支（也即与月份）相配。一个重爻有六个爻，而每一爻又有阴阳两种可能，六爻共有十二种可能，即六阴爻，六阳爻，正好配十二个月。"卦气"说是用"震""离""兑""坎"四卦分别配四季。"震"主春，"离"主夏，"兑"主秋，"坎"主冬，然后再以每卦的一爻，主一节气。每卦六爻，四卦共二十四爻，主一年二十四节气。

从上面我们可以看出，五行是指物质，八卦是指方位（时间和空间）。

当具体的事物变化确定后，八卦综合了理、物质和方位（时间和空间）的内容，又可代表具体的物质和事物。如：乾、坤、震、巽、坎、离、艮、兑分别代表天、地、雷、风、水、火、山、泽；作为人体的象征，乾为头，坤为腹，震为足，巽为股，坎为耳，离为目，艮为手，兑为口。

这就是我们的古人解释事物发展变化的表现方式。它的烦琐和复杂给人们尤其是现代人的理解造成困惑，很多人给搞得不知所云，望而却步。

四、太极理论与道家、道教之关系

正如上面所述，太极理论是从中国氏族社会萌生，逐渐在历史的长

---

① 江藩曾在《国朝汉学师承记卷二》"惠周惕惠士奇惠松崖"中写道："汉儒言易，如孟喜以卦气，京房以通变，荀爽以升降，郑康成以爻辰，虞翻以纳甲，其说不同，而指归则一，皆不可废。"载（清）江藩、方东树：《汉学师承记（外2种）》，徐洪兴编校，中西书局，2012年版。

河里完善的一种哲学思想，是中国古人的一种世界观，人们用这种世界观来对待处理周围所发生的一切事物。

而中国道教是产生于中国的一种本土宗教，核心特点是以神仙信仰为基本的宗教信仰。道教源于古代的巫术和方术，一般认为定型于东汉末年，巨鹿（今河北平乡一带）张角兄弟奉《太平经》，创立太平道；张道陵则在川陕一带创立五斗米道，奉老子为教主，尊号"太上老君"。两者为道教的早期两大流派，为农民起义的旗帜。东汉时期的魏伯阳写出了《周易参同契》，为后世的道教金丹派建立了理论基础。

到两晋时，该教吸收玄学作为自己的理论。东晋葛洪整理并阐述以往的神仙方术理论，撰写了《抱朴子内篇》，对后来道教形成丹鼎一派有较大影响。

东晋时"五斗米教"改为"天师道"。南北朝时，北魏崇山道士寇谦之，改革天师道，制定乐章颂戒新法，倡导礼度，强调服食闭练，并得到魏太武帝的赞助，创立"新天师道"，流传长江以北，又称"北天师道"，并一度成为北魏国教。同样在南北朝时期，庐山道士陆修静整理《三纲经书》，编著斋戒仪范，使道教的礼仪基本完备，他创建的一派称"南天师道"。

唐宋时期道教大盛。因为唐代皇帝李氏家族有外族血统，找个名人认宗，可以平息天下不平，也可以抬高自己的门第，便硬与太上老君李耳攀亲续谱，让1000年前的老子做了他家的老祖宗，并封其为"玄元皇帝"，道教基本成了国教，盛极一时。唐宋时期南北天师道与上清、净土、灵宝等宗派并立，后逐渐合流，至元代归并于以符箓为主的"正一道"中。

金大定七年（1167），王重阳在山东宁海（今牟平）创立以修炼为主的全真教，王重阳的徒弟丘处机见重于成吉思汗。该派在元代盛极一时。此后道教正式分为"正一"和"全真"两大教派。在王重阳创立全真教前后，南方在张伯端的《悟真篇》的内丹修炼理论的基础上，寻求三教合一，发展出了金丹派南宗。当然，除了这些以外，道教还衍生出了众多其他派别。明、清代以后道教较前为衰。

道教从修炼方法上分，有丹鼎、符箓两派。前者主张情景修炼，可以归本还原，与道合一，成为神仙；后者相信斋醮、符禁咒，可以禳灾求福，役使鬼神。大抵北派偏重于丹鼎，南派偏重于符箓。

从道教的发展过程可以看到，有三个重要问题必须明确，尽管在古代思想史中，道家和道教通常被看作是同一的[①]，但实际上两者还是存在明显的差别。首先，儒家哲学和以老庄为代表的道家哲学是中国古代最具代表性、影响最深远的两种哲学思想，后世哲学思想对这两家都采取融合的态度，中国传统文化和其他各领域技艺的发展都深受这些先贤思想的影响，武术也不例外。硬是把太极拳归为道教一脉是不正确的。

其次，道教思想自身也不单单来自道家哲学，还来自佛教思想等其他宗教和哲学流派，甚至还和儒学有关，比如两汉时期流行的以元气为终极本源的宇宙论[②]。而太极拳的创立和太极理论的指导有关，但太极理论是儒道哲学融合的产物，它的部分养生思想与道教的养生思想有一定的关系，但是也有些不归属于道教，因此不能说是因为道教的宗教哲学指导才创立了太极拳。实际上，太极拳作为传统武术，以追求最有效的技击为目标，而道教崇尚自然和养生，两者本身在理念上就不完全一致。道教的目标是修仙，和武术风马牛不相及。

最后，从学理上说，"太极"一词本身就是庄子和《周易》留下来的，远早于道教。两汉时期以董仲舒为代表的儒家宇宙本体论兴起，形成了较为完善的阴阳五行学说。到宋代周敦颐的太极理论，才有了太极理论的雏形，南宋朱熹结合《周易》和其他儒学思想，重新诠释了周敦颐的太极理论，使之成为较为完善的哲学体系，构成宋明理学的重要组成部分。也就是说，在朱熹那儿，太极理论演变为新的宇宙论。直到此时，太极理论才成为当时人们的主流哲学思想之一。这方面冯友兰、冯达文和郭齐勇等人在中国哲学史中都阐述得非常清楚[③]。太极拳深受宋明理学

① 冯达文、郭齐勇（主编）：《新编中国哲学史（上册）》，第298页，人民出版社，2004年版。

② 冯达文、郭齐勇（主编）：《新编中国哲学史（上册）》，第301页，人民出版社，2004年版。

③ 参见冯友兰：《中国哲学简史》，三联书店，2009年；冯达文、郭齐勇（主编）：《新编中国哲学史（上册）》，人民出版社，2004年版。

之太极理论的影响，从渊源上看和道家以及道教有关联，这点必须肯定，但不能说是对道家和道教的传承。更何况部分太极拳家所尊的张三丰祖师虽然在道教史上的确是一个重要人物，但即便站在道教史的角度看，他对道教哲学思想的贡献甚微，这点傅勤家、南怀瑾、冯友兰等人在论述道教思想的历史时都没有给张三丰类似张伯端的地位，南派道教的兴起以及三教融合在思想上是张伯端的功劳，与张三丰没有关系。南怀瑾说得好，"至于张三丰与武当之因缘，是适逢其会，因此得一跃而为后世道教武当派的祖师，宁非神仙奇遇！"[①] 窪德忠也认为，张三丰与当时明成祖力捧有关[②]。并且，从道教史的角度看，张三丰主要擅长炼丹，比如傅勤家写道："至于武当道乃湖北武当山之道士奉真武玄天上帝为主，以炼丹驱邪为其本领。如明之张三丰即武当山丹士也。"[③] 窪德忠也指出，张三丰擅长辟谷，"武当道以炼丹驱邪为本领"[④]。进一步看，即便从中国气功的历史演变视角看，张三丰的贡献也微乎其微，比如李志庸在气功史正文中就没有提及张三丰的贡献[⑤]。在对待张三丰这个问题上，应该秉承科学的态度，既要肯定其在道教的发展中所起的重要作用，但也不能夸大其辞。

脱胎于太极理论的道教与太极阴阳理论有重合的地方，但是使用太极理论的人不一定是道教教徒，也不一定是道家人物。朱熹等人对中国太极理论的形成起到了系统完善的作用，但他们都不是道教徒和道家人物，他们是儒家代表人物，儒家是把《易经》作为六经之首（六经为《易》《诗》《书》《礼》《乐》《春秋》）。中医使用太极理论进行医病，你不能说中医就是道教徒，或是道家人物；老百姓在衣食住行、娱乐、婚配、生育、生产等活动中，利用太极理论的世界观，你也不会说他是道教徒，有可能他们还信佛呢。

---

① 南怀瑾：《中国道教发展史略》，第124页，复旦大学出版社，2015年版。

② ［日］窪德忠：《道教史》，萧坤华译，上海译文出版社，1987年版。

③ 傅勤家：《中国道教史》，第96页，上海书店，1937年版。

④ ［日］窪德忠：《道教史》，第262页，萧坤华译，上海译文出版社，1987年版。

⑤ 李志庸的著作是国内迄今唯一一部严谨的气功史学术著作。李志庸：《中国气功史》，河南科学技术出版社，1988年版。

由此可见，太极理论是中国哲学思想，是人们感知问题、处理问题的世界观和方法论。道教是中国的宗教，两者在某些方面有重合，但绝不能混为一谈，也不能一说起太极理论，就联想到穿着八卦衣、拿着拂尘、画符念咒的道士。

同样，利用太极理论的拳术——太极拳也与道教无多大关系，只是在某些地方有重合。中国的文化都或多或少和道教、佛教、儒教有着千丝万缕的联系，这些文化都不能说是归属道教、佛教或儒教。有些习武之人愿意把张三丰当作图腾，别人不好说什么，倘若从史学的角度胡乱攀附，就存在学术失范的问题。武术史研究中胡编乱造的坏风气实在不该出现。

第二节　什么是中国太极拳

一、太极理论是太极拳的指导理论

以太极理论为依据的中国武术的表现形式就是太极功夫，表现的拳术就是太极拳术。

太极理论的影响，深深启迪着专注武术研究的人们。太极拳发源地河南温县陈家沟地处河洛地区，与巩义县只有一河之隔，深厚的文化沉淀为太极拳的形成奠定了基础，地理的优势也为太极拳的出现提供了必然保证。宋明时期，是华夏文明的鼎盛时期，从伏羲到周文王、到宋明形成的完整的太极理论，不仅影响着人们的世界观，也影响着人们对武术和养生的再认识。

太极拳，是在其他武术基础上发展起来，但又不同于以往功夫的一种新的功夫；它的招法、理论明显有着其他武术和古代养生术的痕迹，这在许多地方可以看出，但它利用太极理论贯穿整个武术体系，并把它作为追求的目标、方向和最高境界，作为修身习武的指导思想，追求心与意、外与内、力与气、力量与技巧、修与练、健身与技击、内在精神与肢体外型、处事与做人高度的统一。正如近代太极拳理论家陈鑫所言："理根太极，故名曰太极拳。"① 它的表现形式、修炼方法，明显不同于过去的功夫和养生术，它把武术和养生高度和谐地结合在一起。它的出现标志着中国武术达到了空前的高度。

二、太极拳是最晚出现的武术高级形式之一

太极拳是武术的一种高级形式，它包括了全部的武术内容——摔、打、踢、拿，并且更注重保护自己，巧妙合理地运用招法。有力时尚力，无力时尚巧，达到最佳效果。

太极拳不仅修炼内功，也能抵御外来的突发事件，包括对精神和身体的外力突袭、打击，所以它既用于健身也用于技击。

从武术史看，传统武术在原始社会就有了朴素的萌芽形态，到先秦时期，尤其是春秋战国时期，由于战争不断，对武术的需求也大幅度增加，促使武术开始发展出了各种专门的技术，如徒手搏击术、摔跤术、铜兵和剑等兵器术等，职业武者也开始出现，最具代表性的就是传说中的越女，练就了高超的剑法。

到了两晋南北朝时期，佛教的兴起及其与道教的竞争，也促使了武术的发展。此时期少林寺开始兴起习武之风，尤精棍术，据说这和佛教本土化为禅宗有关②。到了隋唐时期，武举制度开始实施，大大促进了传统武术的发展，并使得武术专业人才得以为国家效力。其后武举制度为中国历朝历代选拔了无数优秀的武术人才。

到了明代，传统武术开始朝体系化方向发展。首先，武术开始上升到理论的思考和总结，众多优秀的武术理论著作开始面世，代表性的有戚继光的《纪效新书》③、俞大猷的《剑经》④、程宗猷的《少林棍法阐

① 参见陈鑫："自序"，载《太极拳图画讲义》，陈东山（点校），山西出版传媒集团，山西科学技术出版社，2009年版。
② 国家体委武术研究院（编纂）：《中国武术史》，第128页，人民体育出版社，1997年版。
③ （明）戚继光：《纪效新书》十八卷本，卷十四之《拳经捷要篇》，曹文明、吕颖慧校注，中华书局，2001年版。
④ （明）俞大猷：《剑经注解》，李良根、李琳注释，江西科学技术出版社，2002年版。

宗》[①]、茅元仪的《武备志》[②]、郑若曾的《江南经略》[③]等。其次，武术流派开始成熟，呈现多元化，从明代武术典籍中可以看到不少流派，如赵家拳、猴拳、孙家拳、温家拳、六合拳、少林棍等，还有各种跌法、拿法、短打、腿法等，兵器的种类也非常丰富，最主要的是刀法、棍法和枪法等。

到了明末至清代，传统武术开始发生了重大变革，号称内家拳的三大流派陆续登上历史舞台。到了晚清，这些新的武术形式开始流传开来：一是杨露禅进京传授一种绵拳，后被称为"太极拳"；二是董海川在京传授一种转掌，后被称为"八卦掌"；三是郭云深进京传授形意拳。这三种拳法在拳理上都与易学密切相关，并且都与早期的拳法有明显的差异，强调在训练之初就需贯彻内练为先，重意气训练，强调以静制动、以柔克刚，从而形成了所谓内家拳和外家拳两大武术体系的分野。当然，外家拳也重视意气训练，比如少林寺一直有练习易筋经的传统，只不过需要到高级阶段才能进行。而内家拳从一开始就强调意气训练，这点在理论上就有了较大差异。

不过，武术中的内家和外家的说法之始作俑者是明末的黄宗羲，他在《王征南墓志铭》中写道[④]："少林以拳勇名天下，然主于搏人，人亦得以乘之。有所谓内家者，以静制动，犯者应手即仆，故别少林为外家。"并且在这篇文章中，黄宗羲还列出了这一脉内家拳的传承谱系："三峰之术，百年之后，流传于陕西，而王宗为最著。温州陈州同，从王宗受之，以此教其乡人，由是流传于温州。嘉靖间张松溪为最著。松溪之徒三四人，而四明叶继美近泉为之魁。由是流传于四明。四明得近泉之传者，为吴崑山、周云泉、单思南、陈贞石、孙继槎，皆各有授受。崑山传李天目、徐岱岳，天目传余波仲、吴七郎、陈茂弘，云泉传卢绍岐，贞石传董扶舆、夏枝溪，继槎传柴玄明、姚石门、僧耳、僧尾，而

① （明）程宗猷：《少林棍法阐宗》，山西科学技术出版社，2006年版。
② （明）茅元仪：《武备志》，240卷，第84-92卷教义，共二十二册，华世出版社，1984年版。
③ （明）郑若曾：《江南经略》，卷之八"兵器总论"，隆庆年间刻本，日本京都大学藏本。
④ 该文载于《黄梨洲文集》，第145-146页，（清）黄宗羲，中华书局，2009年版。

思南之传，则为王征南。"黄宗羲之子黄百家也写下了《王征南先生传》和《内家拳法》。[①]

不过，按黄百家的叙述内容，可以明显看出他口中的内家拳和后来的太极拳风马牛不相及，无论拳理还是拳式都有本质区别，所以不能把明末清初的"内家拳"与后来的太极拳、八卦掌和形意拳等同。民国中后期有不少人把流行南方的一些不同于少林拳等所谓外家拳风格的拳法称作南派太极拳，显然有点牵强了。

中国的传统武术无疑是从早期的拳搏、角力和兵器中慢慢演变而来的，实际上本无内外家之分。只不过早期的武术更直接、简洁和粗放，强调勇和力，后来的武术则慢慢发展出内外兼修、力量与技巧有机结合的训练体系，从而达到更有效地实施技击效果之目的。太极拳之所以独特，在于其最大限度地运用了太极理论，发展出了独特的技术路线和攻防理念，所以显得与众不同。但实际上撇开外在的某些差异，作为传统武术的一种，本质上和其他武术种类并无多大差异。既不能把太极拳独立于其他武术种类来对待，也不能把太极拳与过去的武术演变路径割裂开来。只不过传统武术发展到后期，直至冷兵器时代结束，已经从过去的勇和力进化为谋和柔，太极拳家对谋略和技巧在武术中的作用给予了前所未有的重视，太极拳不再是传统武术那种暴力形态，而是变成了一种含蓄形态，甚至一种文化形态。但无论从时间、理论，还是技术体系上看，太极拳都称得上是传统武术的顶峰，也是传统武术最后一种表达形式。当然这不等于说太极拳高人一等，仅仅是说在整个传统武术演化进程中它是最后一环而已。

三、太极拳的技术特点

太极拳之所以独特，不仅仅是因为它是中国传统武术最后的一个流

---

① 黄百家的《王征南传》载于其《学箕初稿》中，参见《四部丛刊初编 1617 南雷集八 附学箕初稿》，（民）张元济辑，由当时的上海商务印书馆出版。具体出版年份不详。该文后以《内家拳法》之名收入《昭代丛书　别集》卷二十四，（清）张潮、张渐同辑，上海古籍出版社，1990 年版。

派之一，更重要的在于，太极拳所呈现出来的技术特点使之与早期的武术以及同时代的其他武术类别有很大的差异。概括起来，太极拳具有以下几个明显的特点：

第一，太极拳在指导思想上完全贯彻了太极理论，讲究阴阳五行相生相胜、持续转换。

太极理论原本就是从早期的五行说和《周易》发展而来的。早在汉代，董仲舒吸收了《书经·洪范》以及后来邹衍等人的五行说，同时也继承了《周易》的阴阳说，形成了独特的宇宙本体论。在《春秋繁露》中，董仲舒明确提出，"天有五行，一曰木，二曰火，三曰土，四曰金，五曰水。木，五行之始也……木生火，火生土，土生金，金生水，水生木"。① 五行不仅相生，而且相胜，即木胜土，水胜火，火胜金，金胜木。五行和空间关联，其中木左金右，火前水后；木主东，火主南，金主西，水主北。而土居中央。除了五行，董仲舒还通过阴阳建立了一种时间秩序，他说，"天地之常，一阴一阳"。② 阴阳此消彼长，随时空转换。阴阳和五行其实内在关联，即"天地之气，合而为一，分为阴阳，判为四时，列为五行"。③ 并且阴阳五行不仅指自然，也指人本身，"阴阳之气在上天亦在人"。④ 通过阴阳五行的相生相胜和彼此转换，形成了自然秩序，人只有顺此秩序，才能形成和谐的社会和完善的自我。董仲舒的这种思想无疑对后世的影响很大。朱熹等人的太极理论也在一定程度上承继于此。太极拳也正是遵循这种阴阳五行说的思想来构建整个武术理论和技术体系的。陈鑫曾作七言俚语，其中写道："动则生阳静生阴，一动一静互为根"。⑤ 又道："太极阴阳，有柔有刚。刚中寓柔，柔中寓刚。刚柔相济，

① （汉）董仲舒：《春秋繁露》（卷第十一，五行之义第四十二），第389页，（清）凌曙（注），中华书局，1975年版。

② （汉）董仲舒：《春秋繁露》（卷第十二，阴阳义第四十九），第417页，（清）凌曙（注），中华书局，1975年版。

③ （汉）董仲舒：《春秋繁露》（卷第十三，五行相生第五十八），第457页，（清）凌曙（注），中华书局，1975年版。

④ （汉）董仲舒：《春秋繁露》（卷十七，如天之为第八十），第593页，（清）凌曙（注），中华书局，1975年版。

⑤ 陈鑫：《太极拳图画讲义》，第48页，陈东山（点校），山西出版传媒集团、山西科学技术出版社，2009年版。

运化无方。"① 陈鑫特意强调，"人之一身，心为主，而宰乎内。心者，谓之道心，即理心也。然理中能运动者，谓之气，其气即阴阳五行也"。② 并且"太极拳之道，开合两字尽之。一阴一阳之谓拳，其妙处全在互为其根。"③ 王宗岳的《太极拳论》开篇也写道："太极者，无极而生，阴阳之母也。"④ 可见，中国古代的阴阳五行学说和太极理论是太极拳的指导思想。

第二，太极拳以曲线运动形成自身独特的攻防技术体系。

太极拳和其他中国传统武术流派有何不同？从过去传统武术的发展来看，攻防技术体系大概可以分成两大类：一大类是以直线运动为主；另一大类是以曲线运动为主。所谓直线运动，是指攻防过程中采取直线进退形式，拳、掌、指、肘、肩、脚、膝、胯、头等均是直线打击，而在防御的过程中，接手、格挡、斜步、退步等也都是直线运动。比如流行的少林拳、长拳、大小洪拳、八极拳等都是如此。也就是说，所谓外家拳都采取直线运动形式。直线运动的优点在于快捷刚猛，能够给对手在最短的时间内最高频的打击。实际上西方的拳击、空手道、跆拳道等也都是采取直线运动形式。与直线运动形式相对应的就是曲线运动形式。至少在清之前，武术典籍中还没有出现过曲线运动形式，比如戚继光的《拳经捷要篇》以及其创编的32式拳法都没有呈现曲线运动形式⑤。可以合理推测，曲线运动形式是明末清初开始出现的一种崭新的传统武术攻防体系，代表性的拳种就是形意拳、八卦掌和太极拳，其中尤以太极拳为典型。形意拳和八卦掌虽然也通过曲线运动形式构建出攻防技术体系，但其曲线的设计本身并不复杂，而太极拳则不同，太极拳有极其复杂的

---

① 陈鑫：《太极拳图画讲义》，第66页，陈东山（点校），山西出版传媒集团、山西科学技术出版社，2009年版。

② 陈鑫：《太极拳图画讲义》，第69页，七言俚语第70页，陈东山（点校），山西出版传媒集团、山西科学技术出版社，2009年版。

③ 陈鑫：《太极拳图画讲义》，第99页，陈东山（点校），山西出版传媒集团、山西科学技术出版社，2009年版。

④ 《山右王宗岳太极拳论》（郝和藏本），载李亦畬：《王宗岳太极拳论》，二水居士校注，北京科学技术出版社，2016年版。

⑤ （明）戚继光：《纪效新书》十八卷本，卷十四之《拳经捷要篇》，曹文明、吕颖慧校注，中华书局，2001年版。

曲线技术设计，可视为传统武术中技术最复杂的类别。陈鑫曾经把太极拳的这种曲线运动形式概括为"缠丝"。陈鑫写道："太极拳，缠法也。缠法如螺丝形运于肌肤之上，平时运动恒用此精……其法有进缠、退缠、左缠、右缠、上缠、下缠、里缠、外缠、顺缠、逆缠、大缠、小缠，而要莫非以中气行乎其间，即引即进，皆阴阳互为其根之理也。"[①]陈鑫对太极拳的这种曲线运动形式刻画得最为生动精辟，也就是说，太极拳不单单是圆弧的运动，在手眼身法步各个方面，都应体现"缠丝"。所谓"缠丝"，其实就是外在的形体上的圆弧运动和内在的气血上的圆弧运动，两者合二为一，体现为攻防过程中身体各个部位，乃至整体都表现出来一种螺旋缠绕、丝丝入扣的劲路，好比画着圆弧拧麻花进退的感觉，这就远非一般的外形上的圆弧运动所能比拟。实际上绝大多数国内外搏击术都能够在外形上展现出圆弧之美，如果单单从外形上是否为圆弧来区分内家和外家，就有点本末倒置。比如所有的搏击术都有踢打摔拿，而踢打摔拿都存在圆弧形技术动作。太极拳和其他所有类别的搏击术的区别在于，太极是缠丝运动，陈鑫的这种"缠丝"表述恰恰最大限度地体现了阴阳五行说和太极理论的核心思想，也是中国传统武术中绝无仅有的技术特色。

第三，刚柔相济，是太极理论的最完善体现。

从太极拳的套路编排上，也可以看出古人的独具匠心，一路为柔慢缓和，二路则刚猛快捷，把快和慢有机地结合在一起，这样完全体现阴阳的对立统一、相互依存的太极理论。陈鑫写道："太极阴阳，有柔有刚。刚中寓柔，柔中寓刚。刚柔相济，运化无方。"[②]这段话非常生动地展示了太极拳刚柔相济的基本原则。

缓慢的呼吸对养生有好处，古代"行气玉佩铭"上写着"则深，则沉，则细，则匀"，说明古代人认识到了深呼吸的作用。现在提倡的有氧运动，与太极拳的慢练缓动相吻合，说明古老的文明也同时是最新的健

---

① 陈鑫:《太极拳图画讲义》，第99页，陈东山（点校），山西出版传媒集团、山西科学技术出版社，2009年版。

② 陈鑫:《太极拳图画讲义》，第66页，陈东山（点校），山西出版传媒集团、山西科学技术出版社，2009年版。

康理念。

在健身上我们都习惯接受慢练可以养生、保健的论点；提到快练，有人就会说，"不行，那是年轻人练的，打仗用的"。其实，适当的发力、快练，对健身有着很好的作用。我们知道，人的血管像河流一样缓缓地给人们提供养分，把废物排出体外。常年的废物淤积可以使河流部分淤积，我们的血管也与河流一样，在血管壁上会沉积血脂等废物，影响着我们的机体健康。河流淤积我们可以用急流冲刷河流来保持它的通畅，这在水利上叫作"冲刷"作用；人体的"冲刷"作用，则是通过心脏的急促供血来实现的，激烈快速的动作可以给心脏急促供血，对人的血管进行清理，从而达到健身目的。所以说，适当的发力、快练对健身有很重要的作用。

通过现代医学我们得知，我们的呼吸通过鼻毛的过滤使吸入体内的空气得到净化，可是仍有部分脏物随着呼吸进入我们的气管，导致有时早上我们咳出黑痰，这说明急促的呼吸可以使脏物通过气管排出体外。适当急促的呼吸对肺部和气管都有好处，除对呼吸道、肺部、心肌肌肉进行锻炼外，还能排除呼吸道的废物，而这些急促呼吸是通过一些快速发力的动作得以实现的。由此可见，太极拳的刚柔练习在健身上的全面性和合理性。

在技击自卫防身上，快速运动能够提高人们的反应能力、力量和速度等，从而防卫外来突发事件。尽管有时候说"以慢制快"，但是在条件相等的情况下，快永远能制住慢。火枪能打败冷兵器，就是火枪比大刀长矛快。近代的鸦片战争，我们慢的武器就是败给了快的武器。笔者曾将太极拳总结为："只柔无刚假太极，只刚无柔非太极，刚柔相济真太极。"现在还有一些人不加分析地叫喊"以慢制快，以无力克有力"，把太极拳说得邪邪乎乎，欺人害己。

四、我们练习的太极拳套路是太极吗

我们所有练习的套路，它既是太极，又不是太极，它是我们通过模拟套路来掌握太极拳内涵的一种方式。这就和写字描红一样，描红是为了写好字，是手段不是目的。我们练习套路是为掌握太极拳，套路有用，

但不是目的，只是一种手段。练拳过程中脱去的是形式，不离的是理法。太极拳的理法是万事万物的理法，合乎处世为人道理的是太极，合乎武术技击道理的是太极，那么我们可以说只要合理的就是太极，在武术上以力取胜是太极，以巧取胜也是太极。大克小，小克大；强制弱，弱制强；长制短，短制长；任何合理的方法、招法都是太极。

清末民初，社会动荡，附会牵强之风盛行。对太极拳的神怪附会、臆想猜度、谎话流言纷纷涌现，太极拳陷入了怪圈。由于对"以柔克刚"的错误理解，好多人不敢提"力量"，如果强调力量怕人家说不是太极。

由于对"以慢制快"的错误理解，不敢讲"速度"，怕人家说不是太极；死抱着"以慢制快"的错误理念，在那里骗己骗人。不敢踢腿冲拳，怕人家说是硬拳；不敢用摔法，怕人家说是摔跤；不敢用拿法，怕人家说是擒拿。这也怕那也怕，整天在那里左摸右摸，说是找劲，找了几十年，嘴巴说得头头是道，一到实战就跑。其实只要是合理的慢、合理的快、合理的刚、合理的柔就是真正的太极，不用怕人家说这说那。

曾见到一刊物上刊登某所谓"大师"讥讽太极拳之言："太极拳，一动手，不是摔就是拿。"我们知道，任何武术都包括摔、打、踢、拿等内容，难道太极摔拿就不行吗？你管是什么招法，打倒对方就是好招法，只要能制敌，任何合理的、可用的招法都是太极。难道非打你个鼻青脸肿、浑身是血才行？简直是昏聩荒谬。

五、什么是正宗

知道了什么是太极的道理，我们可以说，只要合乎太极理论的都是正宗；太极拳流派甚多，虽表现形式不同，但都是通过形式来掌握理法。

知道了什么是太极的道理，我们就不会死缠着谁是正宗、谁是嫡系，争个不休；为争正宗，有人不惜篡改原来拳的名称，向杜撰的邪说靠拢。何苦来，把这时间用来研究拳理拳法不是更好吗？你杜撰的老祖宗、老仙老鬼，再好也是别人的，与你有什么干系呢？武术是功夫，不是金钱；金钱，老子留下你拿来就可以花，功夫是自己练的，不是拿来就可以用的，需自己体会掌握。

经常有人说，自己和老师多么一样。这有什么荣耀的？你顶多只是个"复印件"，离"原件"差远了，说明你没出息，老师有你这样的学生非得大哭一场不可，一代不如一代嘛。有人以模仿为美，曾见一刊物云，某某向姑娘学的，因女人小脚，所以某某的太极拳动作有些女人扭捏相。说这话的人本身就是糊涂脑袋，一代宗师必有过人之处，必有心得，必有个人风格，绝不会模仿小脚女人蹒跚行路。有与老师不一样的东西，有继承发扬的人才能立住脚，才能是宗师。"学我者生，像我者死"就是这个道理。

我们由此断定该拳师绝不会学大姑娘，如果真学大姑娘扭捏相，其拳法也绝不会流传到现在。完全模仿的拳师必是庸俗之辈，不能继承衣钵，发扬光大，必是自生自灭，早早退出舞台，被历史所湮灭。

我们要掌握的练习方法、道理，不是要你模仿老师擦鼻子、捶背、咳嗽，更不能以此为荣。武禹襄学于陈清平月余，掌握了太极拳理法，调教出杨班侯这样的武术高手，写出非常珍贵的太极体会，惠于后人。他没有模仿杨露禅，也没模仿陈清平，只是用理法指导拳术练习，掌握了太极理法，成了一代宗师。

孙禄堂学于郝为真，时间也不长，他的拳与郝为真的也不一样，独成一家，开创孙式太极拳，成为一代宗师。

由此看来，任何合乎太极理论的都是正宗，无论姓氏、招法、套路如何不同。任何合理的动作、形式都是太极，都是正宗。

六、锻炼太极拳的健康理念

我们练习太极拳不单纯是为了练拳架、技击和健身，同时还要领悟太极理念、追求自然平和的心态，通过技击和健身的规范要求，正确理解太极思想，树立正确的世界观、人生观。一句话，要追求的是一种人生思想境界。

练习太极拳是以养为主，使人的心身达到最佳状态，每天练习5分钟，就能快乐几小时；练习1小时，能快乐一整天；长期练习，能愉悦人生，健康生活。

锻炼是享受，不是受罪，如果出现疼痛疲劳应停下来，休养调整，找出原因，恢复好再锻炼。

　　我们的古人非常智慧，自古以来提倡养生理念，养生不是练生，一切顺其自然，以养为主，养生的长寿；强力而为，疲劳锻炼，不计后果卖力锻炼是练生，练生的多短命。

　　锻炼和养生不是一回事。养生是中国的理念，它使你的机体、思维达到最佳状态；锻炼是外来理念，是体现竞技的更高、更强、更快的理念。两者在肢体运动上有重合的地方，但追求的目的截然不同。由于近代提倡西学，"锻炼"逐渐替代了"养生"一词，使人们错认为锻炼就是养生，混淆了两个不同的概念。

第二章
王成 27 式太极拳简介

第一节　传统太极拳的起源、传承和流派 ①

　　太极拳起源的说法有好多种，但最早有可靠记载的是陈式太极拳，创始人是明末清初的陈王廷。由于火器的出现，冷兵器的逐渐淡出，人们思索出一种既能防身又能健身的运动，以顺应时代发展的需要，太极拳在前人思想和武术发展的基础上出现了。由于各人对拳法的理解不一，在三百年的太极拳传播中，逐渐出现一些差异，各有侧重偏好，就像中国汉字一样，每个人笔体不一，但都是中国字，都能起到进行交流的作用。太极拳的发展、衍变总体如下：

一、陈式太极拳

　　天下太极是一家，追本溯源是陈家。太极拳早期乃河南温县陈家沟陈姓族人家传技艺。陈王廷是创始人。陈王廷是明末清初人，传至六代陈长兴、陈有本、陈有恒。

　　陈有本、陈有恒所习太极拳架势紧凑，被称为小架，二人为陈式小

---

　　①　传统太极拳的具体发展过程会在下卷详细讨论。本章仅仅给出简要介绍。

架代表。

陈有本传赵堡陈清平，陈清平为陈式太极第七代，其在赵堡当地所传拳架形成了当今和式太极拳和赵堡太极拳。

陈清平又把太极拳传授河北永年的武禹襄，武禹襄从杨露禅处学得部分陈式大架，从陈清平处学得陈式小架，结合自己的体悟，创武式太极拳。后武式太极拳传人郝为真传孙禄堂，孙禄堂结合平生所学，创孙式太极拳。

陈有恒下传二代至陈鑫，陈鑫为陈式太极第八代，陈鑫著有《太极拳图说》，为传世之作。

陈长兴所习拳架舒展大方，大开大合，被称为大架，陈长兴为陈式太极大架代表。陈长兴传杨露禅，杨露禅后在北京广为授拳，是太极拳走出陈家沟、走向世界的最大功臣。后杨露禅后人创杨式太极拳。杨露禅传全佑，全佑传其子吴鉴泉，创吴式太极拳。

陈长兴曾孙陈发科为陈式太极第九代。1928 年，陈发科到北京教拳，陈式太极拳大架才开始在外传播，陈发科武艺人品受人尊重，被称为"太极一人"。现在陈式大架太极名家大多出于或间接出于其门下。

陈发科传子陈照奎（第十代），陈照奎传北京杨文笏等人，形成了陈式太极拳北京架。

陈发科传冯志强，冯志强结合自己所学，创陈式太极拳混元架。

陈发科传洪均生，洪均生结合自己的体悟，形成了洪架（也称作济南架）。

陈发科传侄陈照丕，陈照丕结合自己的体悟，晚年回陈家沟传下陈照丕架，被陈家沟称之为陈式老架，当今陈家沟人均习练此架。

在陈式族人及各大小架太极拳传承人的共同推广和努力下，现陈式太极拳由河南一隅走向了世界，为世界做出了巨大贡献。

二、杨式太极拳

陈式太极拳自陈王廷传至六代陈长兴，陈长兴首次向族外人传授，他把太极拳传给河北永年人杨露禅。后杨露禅到北京传拳，在北京掀起一股时尚运动，就是太极拳，当时该拳被称为绵拳、圈拳。因它的拳理是阴阳思想在武术上的再现，后被当时权贵文雅化，提出"太极拳"之名。因有权贵大臣喜好，当时太极拳成为达官显贵的一种时尚运动。杨露禅传下的太极拳经其子杨班侯、杨健侯的调整，到其孙杨澄甫为适应练习人群的需要，做了修订，定式为杨式太极拳大架，现在被称为"杨式太极拳"。

三、武式太极拳

杨露禅随陈长兴学拳，艺成返乡，传本乡人武禹襄。后武禹襄为探索太极真谛，追根求源，求学陈长兴，陈长兴年迈，推荐给陈氏第七代陈清平，武禹襄又从学于陈清平。武禹襄是文人习拳，留下的练功体会较多，为太极拳的理论重要阐发者，他传下的太极拳被称为"武式太极拳。"

四、孙式太极拳

武禹襄的再传弟子郝为真到北京传拳，不期染病不起，无人看顾，恰孙禄堂向往太极拳已久，他帮郝为真医疗疾病，郝为真感激，在北京将太极拳传给孙禄堂。孙禄堂又广为传播发展，孙禄堂传的太极拳被人们称为"孙式太极拳"。

五、吴式太极拳

杨露禅及其子杨班侯传给全佑，全佑再传吴鉴泉等人，吴鉴泉等人传下的太极拳在民国以后被称为"吴式太极拳"。

太极拳主要为这五种流派，其他分支派别皆为这五派所衍生出来的。由于清末民初社会动乱，且各派为生计所累，随着太极拳营销手段的需要，各种臆说传言，纷纷出现，给后人造成了混乱。实际上天下太极本为一家，都是从陈式太极拳演变而来。太极拳是多少代武术家反复习练和创新的结果，并无神仙的眷顾。太极拳传承如图 2-1 所示①：

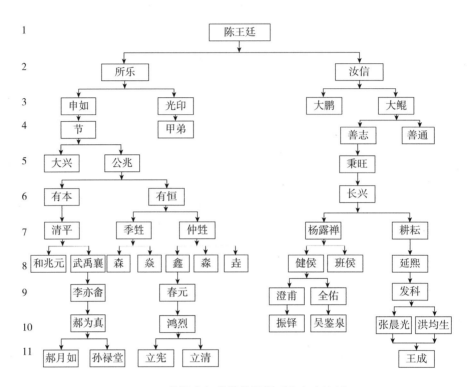

图 2-1　传统太极拳的传承谱系和各个流派

第二节　当今太极拳的代表性套路介绍

　　太极拳是中国优秀传统文化的载体，它的指导思想和套路动作反映了中国人的世界观和思维模式。它完整再现了中国的优秀传统文化，所有太极拳都是一家，它们的指导思想都是一样的。太极拳无流派，只有对和错，符合中国传统文化思想的就是对的，反之就是错误的，无论是

　　① 该图对太极拳各主要流派的传承仅仅是一种简略描述，只列出部分主要代表人物。同时为了读者阅读方便，该图单列出王成太极的传承脉络。各派和各分支太极拳传人众多，恕难一一列出。

谁，无论人数多寡，哪个流派。

由于在长期的传播中，传习者各有所侧重，按约定俗成统称五大流派，还有诸多小的流派，但所有太极拳的指导思想和追求目标都是一样的。因此符合太极指导思想、符合太极追求的目标的，都是正确的，都是太极拳。

不同的流派有各自代表性的套路，太极拳爱好者通常都会选择其中一种或者多种加以练习，只要是拳理和技术正确的套路，都对身体有益，不存在孰优孰劣的问题。只是对初学者来说，常常搞不清不同流派之间的共性和差别。实际上，目前人们习练的太极拳套路可以分为三大类：简化太极拳套路、国家规定套路和传统太极拳套路。

（1）简化太极拳。简化太极拳是以杨式太极拳的套路为蓝本，重新编排和设计的太极拳套路，最早是 24 式简化太极拳，后进一步扩展成 48 式简化太极拳。24 式简化太极拳是 1955 年着手创编的。这套太极拳套路在政府的大力推动下，成为普及范围最广、习练者最多的太极拳套路。

简化太极拳的创编和推广有特定的历史背景，虽然在去技击化方面产生了负面影响，在一定程度上导致了太极拳蜕变成了太极操，但对太极拳从 20 世纪 50 年代以后在群众中的普及却起到了无可替代的作用。因为简化太极拳的推广，使得太极拳成为老百姓最喜闻乐见的健身方式之一，从这个角度看，简化太极拳对太极拳的发展还是有很大贡献的。

（2）国家规定套路。就是国家委托相关机构制定的标准化套路，目的是用于各种体育比赛，便于考核分级和决出胜负，所以又称为竞赛套路。

目前竞赛套路是在中国武术研究院的组织下于 1989 年开始陆续创编的，后由中国武术研究院中国武术协会审定，人民体育出版社出版了《太极拳竞赛套路》系列，对竞赛套路进行了完善和定架，包括陈式太极拳竞赛套路（56 式）、杨式太极拳竞赛套路（40 式）、武式太极拳竞赛套路（46 式）、吴式太极拳竞赛套路（45 式）、孙式太极拳竞赛套路（73 式）、42 式太极拳竞赛套路等。

（3）传统太极拳套路。就是早期流传下来的各种太极拳套路，在第一节有详细介绍。传统太极拳套路是非标准化的套路。传统套路因人而异，同样一种套路，每个师傅自身学习和理解不同，教给弟子和学生的也不一样。传统太极拳套路包含陈式太极拳、杨式太极拳、武式太极拳、吴式太极拳、孙式太极拳等各种太极拳流派各自的套路。目前习练者最广泛的当属杨式太极拳、陈式太极拳、武式太极拳、吴式太极拳和孙式太极拳五大流派。

传统套路发展到今天，为了更好地适应日新月异的社会经济环境，也在不断地进行自我变革。

首先，传统套路也出现了各种简化套路。这些套路在传统套路中精选若干代表性的招式动作组合成一个新的太极拳套路，方便工作生活节奏快的人群练习。

其次，对传统套路的创新。传统套路往往动作重复较多，一些动作设计也不太合理，一些太极拳人根据自己的体会和认识对传统套路进行精炼和重新设计，形成了新的太极拳套路类型。

陈式太极拳的代表性传统套路由民国时期陈发科在北京传授，由一路和二路构成，一路共 83 式，二路共 71 式，其特点是螺旋缠绕、松活弹抖、气势磅礴、大开大合、刚柔相济。

杨式太极拳的代表性传统套路由民国时期杨澄甫定架而成，共 85 式，其特点是大气饱满、浑厚柔顺、中正安舒、转换有度。

武式太极拳的代表性传统套路由民国时期郝为真外传，共 96 式，其特点是简练紧凑、起承开合、舒缓中正、端庄雅致。

吴式太极拳的代表性传统套路由吴鉴泉晚年定架而成，共 84 式，其特点是典雅紧凑、小巧灵活、至柔至缓、绵绵不断。

孙式太极拳的代表性传统套路由民国时期孙禄堂创编，共 97 式，其主要特点是架子高、步法活、进退开合、连贯相随，又称为"开合活步太极拳"。

第三节　王成 27 式太极拳

鉴于现代社会节奏快，人们时间紧，空暇时间少，为适应现代社会人们的锻炼条件，在太极思想指导的基础上，笔者根据传统陈式一路和二路套路进行浓缩，创编了王成 27 式太极拳套路。该套拳法完整保留了陈式太极拳传统传承，充分展现了太极拳"松柔圆活、端正大气、浑沉缠绵、气势贯通、周身相随、刚柔相济、阴阳无偏、轻灵潇洒、飘逸自然"的特点，对太极拳爱好者有极好的启发作用。它不仅完整保留了太极拳的传统传承，并创新地进行了科学的提炼和归纳，创立了先进的训练体系。

陈式太极拳原本是河南温县陈家沟陈氏家族的家传拳法，杨武两家的太极拳均是在陈式太极拳的基础上演变而来。而原汁原味的陈式太极拳则是由陈长兴曾孙陈发科先生 1928 年进京后传下的，分为一路和二路，一路共 83 式，二路共 71 式。由于人口的自然流动和社会原因，20 世纪 50 年代后，陈家沟的太极拳近乎荒废。陈发科先生的侄子陈照丕先生退休后回到陈家沟，重新开始向村民传授陈式太极拳，后来陈家沟村子里又聘请陈照奎、冯志强等人到陈家沟传授陈式太极拳。

笔者师从山东德州张晨光老师，张晨光老师 20 世纪 50 年代进京跟陈发科先生习得老架一路和二路，并把所学传给了笔者。后张晨光老师又推荐笔者拜山东济南洪均生老师为师，洪均生老师是陈发科先生的早期弟子之一，是跟随陈发科先生学习时间最长的学生，后经过自己的揣摩和发展，形成了独具特色的济南架（也称洪架）。笔者跟随洪均生老师习得洪架，在此期间还受到冯志强老师等的指点。同时，又得秘道纯老师等传授诸多传统武术技艺。经过长期习练陈式太极拳老架一路和二路，并融入其他传统武术的精华，逐步精炼出自己的武术思想和技术设计理念，从而完成了 27 式太极拳的设计。可以说，27 式太极拳对陈式太极拳老架有一定程度的推陈出新，是对传统陈式太极拳的创新和发展。

27 式太极拳脱胎于陈式传统太极拳老架一、二路，并在此基础上进行提炼，按照笔者多年习练和教学的体会，结合现代科学的运动学、生理学、神经学以及"王氏法则"等编辑而成。过去太极拳没有对练套路，都是基本功和单式训练后进行套路练习，俗称盘架。拳架精熟，进行推手。推手其实就是对练。推手精熟，练习散手。这个过程是进阶的，耗时很长。笔者后来想了个办法，创造性地把套路精炼成可单练、可盘架、可对练的三合一形式，解决了这个费时难题，也符合现代人的生活节奏。两个人27式单练合并就是对练，对练中包含了推手和散打训练，每招每式都把太极拳攻防和技击的基本要素训练和技击路径体现出来。大家如能依法练习，细细体悟，会越来越觉得妙趣无穷，妙不可言！

传统套路的局限是动作太多，重复性强，一些动作之间的衔接未必合理。更重要的是，不符合现代人的工作和生活节奏，这也是为何传统套路难以普及的原因。简化套路的优点是动作少，重复率低，动作衔接精细。但是某些简化套路因为设计者理念错误，导致动作失真，没有体现太极拳的内涵和形式，也有某些简化套路的某些动作对练习者造成了伤害。近年来，许多基于传统套路的改进版开始流行，有些简化太极拳看起来像传统套路，实际上完全没有传统的味道。笔者创编的27式太极套路对传统套路进行重新编排和设计，保留传统太极拳的味道和技击性，删繁就简，体现了动作少、衔接流畅、传统原味的特点。这套拳完全遵循了传统太极拳的精髓，动作圆活流畅、环环相扣、柔和大方。更重要的是，对身体的锻炼无死角，该拳法设计成正反架和发力架三层，三层之间呈进阶型，到高级阶段还可以两人合练，严丝合缝。这个套路既可健身，又可用于功力训练和推手训练，算是用心之作。

该套路早在20世纪80年代末即开始传授，到现在遍及各地，从小学、中学、大学，到企业、机关，从城市到农村、从国内到国外均有大众习练，其卫生作用为习练者所称道。该套路1994年由山东友谊出版社首次出版发行；1995年由台湾一家出版商出版海外版；2005年9月，北京电视中心正式拍摄发行了"陈式二十七式太极拳"和"陈式二十七式太极拳对练"教学光盘，在太极拳爱好者之间和网络上广泛流传，并有多家电视台对笔者进行了报道采访。从目前看，王成27式太极拳受到海内外广大习练者的喜爱。

第四节　王成27式太极拳的指导思想与核心内容

王成27式太极拳的精髓是在绵缓不断的运动中，把人的生理健康、心理健康、人生哲学连在一起，相互作用；把心态平衡、延年益寿、生活情趣融成一团，兼而得之。长此以往，持之以恒，习练太极拳对人类的特殊功效，就会得以充分显现。并以现代科学和传统太极拳的完整理念和技法，用王氏法则作指导，展现传统太极拳原汁原味的风貌。

27式太极拳的设计依据王氏法则展开。所谓"王氏法则"，就是笔者在长期习练太极拳的过程中总结提炼出的技术精髓，经过他人总结命名的一套拳理。王氏法则共有五个，始终贯穿在整个套路中，只有正确理解和掌握这五个法则，才能把27式太极拳融会贯通。

王氏法则有五：手肘肩法则；螺旋缠丝法则；步法法则；大臂不动小臂动，小臂不动大臂动法则；遇力走圆法则。王氏法则解析如下：

一、王氏第一法则——手肘肩法则

"手肘肩，往前钻；肩肘手，往后走。"这是手肘肩法则的核心。

在手臂三节中，手是梢节，肘是中节，肩是根节。手肘肩法则是手臂三节在技击中运动顺序的明确化，具体内容如下：

（1）在进攻时，是手领肘，肘领肩。即手指、手掌先发力，然后肘发力，最后肩发力，各关节按顺序打开、伸直、放长、发力，即前节起、中节随、后节催，此为手肘肩。

（2）后撤防守时，是肩领肘、肘领手。即：肩先放松向后撤，然后肘，最后手，各关节按顺序放松、弯曲、后退，此为肩肘手。多用于引进造成对方来力落空，然后打击之。

（3）各关节要保持动作连贯，不能有丝毫停顿。

（4）发力时，手、肘、肩、心意之力全部集中于对方身体重心线上的一点，节节贯通，不断向前，直至击倒对手。

（5）手肘肩发力时，要做到"手起膊炸"。发力前，大臂（即"膊"）是垂直向下，贴于肋侧的。手领起发力后，肘掀起，肩放长，向前催力。

（6）这一法则同样适用于腿三节，在腿三节中，脚是梢节，膝是中节，胯是根节。踢、蹬、铲、摆、撩、钩等进攻动作是用"脚、膝、胯"；"腿来提膝"等防守动作则用"胯、膝、脚"，具体要求也可参照以上各条。

二、王氏第二法则——螺旋缠丝法则

"太极是掤劲，动作走螺旋。"太极拳要求身体各部位都做螺旋运动（自转），与公转相叠加，则组成螺旋缠丝运动。为便于理解，以手臂为例进行说明。具体要求：

（1）手臂无论是做圆周、弧线还是直线运动，无论是上下还是进退，在其纵轴上都要有螺旋运动。

（2）螺旋运动不是整个手臂同时旋转或翻转，而是一头先转，其余依次旋转。"手肘肩"是手先转，然后肘肩依次转；"肩肘手"则是肩先转，然后肘手依次转。

（3）以大拇指为标志，大拇指向手背方向转为正转，向手心方向转为反转。

（4）根据实战的需要来选择旋转的正反和角度的大小，一个动作可正反旋转一次或多次，但衔接要连贯，不可停顿。

（5）缠丝时，臂柔似绳，要使对方丝毫感觉不到顶抗，丝毫感觉不到危险，也用不上丝毫力气。我一旦得机发力，对方则从生理上到心理上都已失去反抗的可能。要做到"打人像根棍，触手像根绳"。

三、王氏第三法则——步法法则

1. 散手实战球体运动特点

散手实战时的步法应符合球体运动的特点，力争做到随遇平衡。球

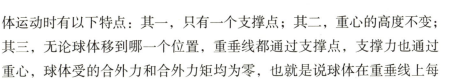

体运动时有以下特点：其一，只有一个支撑点；其二，重心的高度不变；其三，无论球体移到哪一个位置，重垂线都通过支撑点，支撑力也通过重心，球体受的合外力和合外力矩均为零，也就是说球体在重垂线上每一个位置都能获得平衡；其四，具备上述特点后，球体可随外力作用在平面上向任何方向平稳滚动。

2. 散手实战中运动的步法应达的要求

（1）两腿虚实分明，重心尽量落在一只脚上。

（2）重心随攻防需要在两腿之间灵活转换。

（3）立身中正，百会穴、重心、支撑点三点在一条垂直线上。

（4）前进时，支撑腿膝盖微屈，使自己身体重垂线略微超出支撑脚；后退时，膝盖尽量直立，平行后退，使人体的重力产生一个动力矩。

（5）借助动力矩及自身运动的惯性或身体所承受的对手的作用力，即可作为运动的动力，无须过多地用脚蹬地使自己运动。

（6）重心尽量不起伏。

四、王氏第四法则——大臂不动小臂动，小臂不动大臂动法则

具体用法：

（1）“大臂不动小臂动”是指小臂以肘关节为轴向里、向外（或向内）轮转，而肩关节放松，大臂贴于肋侧基本不动；大臂不动小臂动多用于近距离搏击，表现为近身引化缠拿，破解擒拿，顺势进身上步，贴身击打。

（2）“小臂不动大臂动”是指整条手臂以肩关节为轴向里、向外轮转，而肘关节基本保持伸直。多用于远战，大开大合之法，表现在劈砸滚压、摔掌钩挂。

（3）大臂不动小臂动多适用于近战，小臂不动大臂动多适用于远战。

（4）为轴的关节要松，轮转要松要快。

五、王氏第五法则——遇力走圆法则

分局部和全身两种情况：

（1）局部的遇力走圆。身体某一部位被对方抓、拿、搂、抱，其力大，我在此局部自转，将对方拨动，然后进攻。

（2）全身的遇力走圆。手与对方一接触，其力大势猛，推不走，进不去，引不动，我手即在第一接触点掤住，脚步迅速走圆，绕至其背势方向而发之。

本法则是第一、第三、第四法则的综合运用：初一接触是肩肘手或手肘肩，最后发人是手肘肩；在脚步走圆时，步法是第三法则，臂是第四法则的"小臂不动大臂动"。

第五节　王成27式太极拳的技术特点及动作的科学性

一、王成27式太极拳特点

和传统太极拳套路相比，王成27式太极拳有以下显著特点：

其一，对传统武术的三节内容具体化，明确肢体的用力顺序和节奏，明确肢体前进后退的顺序，把过去笼统模糊的论点具体化、明确化，具有实用性、可操作性。

其二，明确缠丝劲的具体练习方法，随学随用，简单易学，具有可操作性，杜绝空谈、玄虚。

其三，明确步法在实战中的具体作用和练习方法，填补太极拳中的步法训练内容。

其四，明确区分近战与远击的练习方法，完整再现传统太极武术的卫生作用。

该拳法明确太极思想在实际情况中的实践和运用，体现了太极拳的以柔克刚、以小博大的具体方法和运用，把一个似乎朦胧的太极技法明确化、具体化、简单化，使大众更容易掌握和运用。

王成27式太极拳的每一个动作都贯彻了王氏法则，动作的设计极具科学性，具有显著的技击效果和健身养生效果。

二、王成太极拳动作科学性的要求

太极拳的技术体系是在一个圆的空间里实现的，这个设计与所有其他拳种都完全不同，是太极拳特有的。给定一个圆形空间，练习者在手眼身法步上就得处处走圆弧，这就存在一个离心力的问题，身体容易起伏摇摆，所以太极拳特别重视立身中正，但立身中正并非简单地指落地生根，而是指身体的平衡，这个平衡是通过头、手肘肩、踝膝胯、躯干的形和空间定位来实现的。以27式正架的基本动作懒扎衣为例，定势时，右手掤按出去，右腿弓步出去，左手叉腰，左腿绷直。这个动作要获得稳定性，需要做到以下几点：

第一，右手的手肘肩和右腿的踝膝胯要做到外三合，也就是说，右手不能偏离右腿所形成的地基，偏离就会牵引身体左偏斜或右偏斜，从而导致身体前俯后仰。

第二，左腿绷直也很关键，一些传统套路中，懒扎衣左腿是半屈，形成半马步，这种情况下右手就势必有一个回旋，从而和左腿形成对拉，这也是一种平衡。但这种平衡有一个局限，那就是右手开不到底，自然也就做不到大开大合，似乎不太符合陈式太极拳的本来面目。27式太极拳正架中，懒扎衣要求右手完全开出，一瞬间手臂是直的，这就完全实现了大开的思想，但如果仅仅是右手完全开出，并不能实现整劲，而只不过是手臂的局部之力，所以需要左脚伸直，整个身子成右弓步，右手和左脚形成一条线，或者一根棍，左脚、右胯和右手同时形成合力往前击出，从而实现懒扎衣的整劲。

第三，当右手大开出去后，左手叉腰就显得尤其重要，这是因为整劲往右，会带动身体右偏斜，这就可能失去立身中正，一些过去的做法是通过左脚半屈，左膝微微外翻，来和右手对拉，这样做会让右手回旋，无法大开。27式太极拳则通过左手叉腰，固定住左胯，左肘往左，和右手在一条线上形成对拉，从而不仅保持了立身中正，而且还不影响懒扎衣的整劲实现。所以左手叉腰有两个作用，一是可以稳定自身的重心，类似一个支架固定垂直的身体，二是可以和右手形成对拉劲，在对拉中建立身体的平衡。

第四，当右手开出时，目视右前方，而不是右手，也就是对手的中心线方向，此时头顶领起，起到一个中轴的作用，中轴线就是在脊柱。这个设计可以说非常精妙，身体的平衡与整劲的开出保持了一种完美的契合，这就是太极拳的整体思想。

第五，与其他一些太极拳套路中的懒扎衣式均完全不同，27式太极拳中的懒扎衣式增加了一个技术上的创新细节，以正架懒扎衣为例，增加了右手的小圈缠，也就是右手掌开始，中指为轴，小指领劲，带动整个手掌外旋，进而带动整个右手臂旋转，进而带动右肩和右胯外旋，以至于整个身体都进入一种缠丝状态。这就是手肘肩法则的运用。这种设计在技击中就是属于二次加力或者二次打击。也就是说，当懒扎衣式使出，右手攻击对方后，随即粘住对方身体部位，通过右手的小圈缠，进一步打击对方，劲路应该是对手在己方实现缠丝的过程中，会跟着外旋进入己方设定好的圆弧切线位置，从而被旋出。这也就是通常所说的发人。那么为什么能做到这点呢？当己方右手粘住对方身体，可以视为让对方身体变成自己梢节的延伸，变成自己梢节的一部分。那么当己方开始缠丝，从梢节开始，自然也包括了对方身体，也就是说，当我们在实现小圈缠的过程中，已经把对方包括进来，从而对方也随着我们进行小圈缠。注意，这个过程不是对方自愿的，而是对方被动的，只不过因为被己方粘住，成为了己方梢节的一部分。这就是太极拳里常常讲的沾粘连随。27式太极拳能够更有效地实现这一思想。

第六，与其他一些太极拳套路不同，27式太极拳中的缠丝劲是通过重心平移来实现的。传统套路常常讲裆走后弧，或者裆走下弧，这样做也可以实现圆弧运动，但不容易实现整劲。道理很简单，如果裆走弧线，底盘就会偏离头顶与脊柱形成的中心线，从而中心线和重心线不能重叠，这会直接导致失重，或者重心移动速度慢。27式太极拳避免了这个问题，要求处处裆走平圆，确保重心线和中心线的一致，如同一扇门的转动，这就是单轴转法则，也就很好地避免了过去人们常常讲的双重问题。比如还是以正架懒扎衣为例，当右臂转动前合，右脚上前成右弓步，注意这个动作的完成是通过裆走平圆、重心平移实现的，而不是像传统套路那样右脚跟先铲出，然后裆走后弧移动重心到右腿上。27式的懒扎衣动作速度更快，更轻柔，也更稳健。

27式太极拳的动作设计更科学，因而技击效果更明显。同时，也因为动作的科学性，使得它的健身养生效果也更好。还是以正架懒扎衣式为例。传统太极拳套路中的懒扎衣是前手与后脚的两点对拉，实际上没有形成大开；并且裆走后弧，膝盖承受压力较大，不利于膝盖的保护。而27式太极拳通过重心平移、裆走平圆，可以让膝盖避免承压，所以才能做到轻盈敏捷，这样可以大幅度降低运动损伤。

同时，更重要的是，在懒扎衣的动作实现过程中，右手和左肘、左脚形成对拉，对拉是在一条直线上实现的，这就要求左肩和右肩都必须骨缝松开，也就是松肩，从而使得背部也被拉开，如同右手拉动身体的右半边，左肘左脚拉动身体的左半边，这种对拉可以把身体的各个关节充分打开，气血通畅。然后27式太极拳要求处处走圆弧，节节要缠丝，特别是最后定势时，右手小指领劲带动整个身体缠丝，如同对整个身体附加了一个绞拉的过程，这就可以充分活跃身体各部位的细胞，调动有用的好细胞，改善人体循环。

懒扎衣是27式太极拳和传统太极拳共有的代表性动作，其他动作亦是如此，在此不一一解剖，习练者可以自己慢慢体悟。27式太极拳通过科学的设计动作，实现了最大程度的技击效果和健身养生效果。

第三章
王成 27 式太极拳的健身养生原理及功效

第一节　王成 27 式太极拳的独特健身原理及养生功效

传统武术经历了明代的巅峰，到清代已开始陷入困境，其中的原因很复杂，一是当时清朝因为游牧民族的生活习性，重弓马骑射和摔跤；二是清初反清复明活动频发，清朝对武人的管制比较严格；三是到了晚清时期，外国人入侵，传统武术在火器面前不堪一击。这些因素都导致过去传统武术的技击性受到质疑和冷落，武人寻求转型，开始侧重挖掘传统武术的健身功能，并尽可能把武术的技击和健身结合起来，从而赋予了武术新的内容和面貌，使传统武术焕发了新的生机。太极拳就是在这样的背景下应运而生的。清初陈王廷创编太极拳时，不仅保留了以戚继光长拳为代表的传统武术的技击性，更重要的是，通过引入易理、养生思想以及中医学，让太极拳有了过去传统武术所缺乏的特有健身、养生功能，从而克服了过去武术和养生术几乎隔离的局面。太极拳也因此在晚清开始广受群众喜爱，成为晚清民国时期最为流行、影响最广的武术类别。

王成 27 式太极拳作为传统太极拳浓缩版，不仅保留了传统太极拳的技击性和健身养生功效，而且通过技术创新，大大缩短了习练者获得这些功效的周期。该套路和相关功法推出 30 余年，已经为越来越多的太极拳爱好者所称道。那么 27 式太极拳为何具有如此显著的健身养生功效呢？

一、27 式太极拳做到了武术和养生的高度兼容性

太极拳是武术的一种高级形式，它包括了传统武术共有的基本内容——摔、打、踢、拿，同时也涵盖了传统太极拳独有的掤、捋、挤、按、采、挒、肘、靠这八种技法。目的只是巧妙合理地运用招法，更有效地保护自己，往大了说，还有助于保家卫国。以前陈氏族人屡屡率众抵御匪患，保得一方平安，深受当地百姓信赖和尊敬。太极拳讲究有力时尚力，无力时尚巧，以达到最佳效果。

太极拳也是养生术的一种高级形式，它结合呼吸吐纳，强调性命双修，健身修身。通常持之以恒地练习，习练者不仅可以有效提高自身免疫力，而且还可以陶冶情操、完善自我。

不过，晚清民国时期，由于一些太极拳家过于强调养生，忽略了太极拳应有的技击作用，导致太极拳退化为健身拳，也就是所谓的太极操，偏离了传统武术的轨道。这种对太极拳的简化通过牺牲技击功能来提高健身功能，实际上本末倒置了。传统太极拳之所以健身养生效果好，并不仅在于引入了导引吐纳术和内丹学说，更重要的是在于动作的技术设计本身具有很强的健身养生效果。也就是说，对太极拳来说，一个技击性强的动作具有更好的健身养生效果，如果把技击性去掉，健身养生效果反而下降了，甚至还可能对身体有害。比如，一些太极拳师告诉你，练拳的时候越慢越好，太极拳中有许多屈膝动作，练得越慢，膝关节的承受力也就越大，磨损也就越大，结果这种练习方法不仅无助于健康，反而会损害健康。很多习练太极拳的人得上了"太极膝"，一些膝关节有问题的人自觉无法习练太极拳，都是与这些错误的指导思想有关。另外慢练对心肺锻炼效果不够全面，如适当增加些激烈动作来补足心肺功能的锻炼，健身效果会更好，太极拳的发力和快练正是对这一不足的弥补。

27 式太极拳去芜存菁，保留了传统太极拳的精华部分，每个动作都符合人体生物力学，力求达到最佳的技击效果。因此，习练 27 式太极拳，能抵御外来的突发事件，包括对精神和身体的外力突袭、打击。所以它可以用于技击。同时，27 式太极拳强调修炼内功，通过内练实现气血充盈、精神饱满、身体柔顺、体格壮实。27 式太极拳做到了技击和健身养生的高度统一，这是和现在流行的各种健身太极拳的最大区别。

庄子曾说过，一个修炼多年达到高层次的人，被老虎吃了，修也白修了，练也白练了①。光会养生不行，如同庄子说的单豹一样，养得再好，还是被老虎吃了；光会练外在的招式也不行，否则就和庄子说的张毅一样，练得再精，结果被疾病夺去生命。太极拳讲究性命双修，就是说外在形体和内在修养都得重视，不可偏废，这样才能身心和谐，幸福美满。

所以，习武者得先有一个强健的体魄。过去一些追求出功大的拳师，往往功夫未练成，身体却受伤，这样的例子还真不少，出现这样的现象就是割裂了练与养的统一。当然太极拳师如果没能参悟透太极的真谛，不注意练与养的统一，同样会降低健身效果，甚至造成伤害，但这并不是太极拳的问题，而是练拳者本身的理解问题。练太极拳的人不一定就懂得太极拳，了解太极内涵；所以练太极拳有这种情况，也不足为奇。

另外，人的寿命和身体状况还有要参看个人的遗传基因、生活环境、生活条件、医疗水平和当时的社会经济状况等因素，所以比较只是多寡的比较、同等情况下的比较。一个食不果腹的苦力不会赶上衣食无忧的先生，他们是不能比的。总体来说太极健身作用是有目共睹的。

有些人在练习现代太极套路过程中，出现下肢、膝关节、踝关节疼痛现象，这个问题极大地影响了太极拳的健康发展。这些现象也值得所谓的"太极大师"们反思，现在提倡宣传的理念和动作是否合乎太极道理？是否合乎人的生理结构？是否合乎中国的养生方法？自 20 世纪 50

---

① 这句话是对庄子观点的引申，原文出自："田开之曰：'鲁有单豹者，岩居而水饮，不与民共利，行年七十而犹有婴儿之色；不幸遇饿虎，饿虎杀而食之。有张毅者，高门县薄，无不趋也，行年四十而有内热之病以死。豹养其内而虎食其外，毅养其外而病攻其内，此二子者，皆不鞭其后者也。'"《庄子今注今译》（下册），最新修订版，第 554-555 页，陈鼓应注译，商务印书馆，2007 年版。

年代开始，一直片面提倡、宣传太极拳的模糊健身作用，而没有深入研究其健身机理，并且更是回避太极拳的技击作用，导致现今的太极拳只是笼统的健身方法，没能发掘出太极拳的真实作用。这也是我们今后应该重视和加大力度要做的工作。

二、27 式太极拳的刚柔相济，是太极理论的最完善体现

从太极拳的套路编排上可以看出，创编者独具匠心，把传统一路拳的柔慢缓和与传统二路拳的刚猛快捷，把快和慢有机地结合在一起，这样完全体现了阴阳的对立统一、相互依存的太极理论。

人们一般都认为慢练可以养生，可以保健身体，但对太极拳动作快练的养生、保健作用，却认识不足，一说太极拳可以快练，有人就会说，"不行，那是年轻人练的，打仗用的"，其实适当的动作快练和动作发力，对人体健康有着很好的作用。我们知道人的血管像河流一样缓缓地给人体提供养分，同时把代谢废物排出体外。河流如果常年是缓缓流动，就会出现河道淤积，常年的废物淤积可以使河流部分堵塞，要想保持河流畅通就必须时常进行清淤，河道整修。我们的血管也与河流一样，血管中的脂质、代谢物会沉积在血管壁上，形成斑块等，影响我们的机体健康。如果河流堵塞，我们可以用急流冲刷河流来保持它的通畅，这在水利上叫作冲刷作用；而人体内的冲刷作用、血管壁上沉积物的冲刷作用，则是通过心脏的收缩加速，增加急促供血来实现的，激烈快速的动作可以增加心率使血流速度加快，对人的血管进行清理，加快体内代谢物的排泄，从而达到健身目的。27 式太极拳的快速练习也符合现代科学，所以说，大家要知道动作刚快的练习，对健身有很重要的作用，当然，动作的次数和力度要适当。

现代医学知识告诉我们一些基本常识，适当急促的呼吸对肺部和气管都有好处，除对呼吸道、肺部、心肌肉进行锻炼外，还能排出体内代谢物，而这些急促呼吸是通过一些快速发力的动作得以实现的。由此可见 27 式太极拳的刚柔练习在健身上的全面性和合理性。

笔者曾提出"有柔无刚假太极，有刚无柔非太极，刚柔相济是太

极"，片面强调太极拳的至柔和慢练反而无法起到促进习练者身心健康的作用。古人强调静养，可是古代社会的人均寿命并不高，静养虽对长寿有益，但也要看具体情况。试想一个人，如果腰椎或者颈椎出现骨刺、侧弯、小关节紊乱等问题或者有脑血栓后遗症，光靠静养能康复吗？只能通过合理的治疗、矫正、康复运动才能解决问题。我们在谈太极拳的健身功效时，不能违背医学常识。一味强调静养，反而达不到养生的效果。现代医学强调运动来健身，这已经得到了大量的科学研究证据的支持。只有把运动理念和静养理念有机结合起来，才能达到最佳的健身养生效果。传统太极拳一路偏慢，二路偏快；一路柔和，二路发力较多，就是这种有机结合的典范。27式太极拳的编排设计同样体现了快慢结合、刚柔相济的原则，不仅区分了慢架和快架，还设计了正架和反架，这样可以让身体得到全方位的修炼，不仅健身养生效果好，也更科学。

三、27式太极拳能够缓解压力，促进身心愉悦

27式太极拳很快就能使练习者心静体松，由于在运动中肢体、骨骼、肌肉、关节韧带得到独特的伸展、绞拉、放松，练习者很容易就会将大脑的思维集中到运动本身，排除杂念，逐步进入悠然自得、心旷神怡的愉悦状态。

科学研究表明，人在轻松愉快的状态下，大脑内会产生一种叫"β-内啡呔"的有益激素，促进血液循环、活化体内细胞，从而使人保持体魄健康、精神旺盛，充满幸福感。我们常见太极拳习练者一边练着功法一边笑语连连，大家一派"如沐春风"的祥和景象。当今社会，人们生活、工作节奏非常快，普遍压力大，如每天坚持抽出时间练习，就能够很好地调节情绪，舒泰身心。

四、27式太极拳能够滑利关节，改善微循环，提高身体免疫力

27式太极拳的动作设计非常合理，对于头、颈、肩、肘、腕、胸、

背、腰、髋、膝、踝等全身主要关节都进行了全面的锻炼。

如踢腿、摆胯动作，练习后，使股骨头周围的肌肉、神经得到深度刺激，会打开附近的微小血管，增加血流量，改善这一局部区域的微循环，从而降低了罹患股骨头坏死症的概率，增强了骨骼的应力，减小了不慎摔跤后骨折危险。同时踢腿中膝关节有规律的小幅度屈伸活动，会刺激髋、膝关节部位滑囊液的产生，起到滑利关节，缓解膝关节软骨的磨损。又如身体躯干的拧紧，要求脊柱也左右横向转动，直接锻炼了颈椎、腰椎。

动作中，手臂分节的起落要求拉抻整个脊柱，对于患颈、腰椎病以及经常伏案久坐、盯视电脑工作的人，这种运动方式对身体的调整大有益处。

同时生理学告诉我们，在成年人的扁骨、中轴骨和长骨近骨段，"居住"着具有造血功能的红骨髓。太极拳缠丝等基本功通过绞缠、拉抻，重点活动这些关节部位，刺激了红骨髓生成免疫细胞和造血干细胞，提升机体免疫力。这也是该太极拳能够扶正祛邪、强身健体的基本原理之一。

五、27式太极拳导引吐纳，强化机体呼吸、消化功能

如果细细体会27式太极拳的动作要求，会发现有时与我们平静的正常呼吸有所不同。有些动作则采用逆腹式呼吸，吸气时，腹部收而胸扩张；呼气时相反，这是继承了中国古代吐纳训练的鲜活实例。逆腹式呼吸法的训练，调动了肋间肌和腹壁肌，特别是内部横膈肌的运动，这些肌肉群在正常呼吸时是不易练到的。腔体肌肉群的收缩张弛，在加大肺部通气量的同时，使腹腔内压也增大，自我按摩体内消化器官，使肠胃活动加强，消化液的分泌旺盛，消化酶活性增强，促进了消化功能提升。当然，踢腿和身体的转体动作，也具有同样的促进作用。

六、27式太极拳节律分明，可以调整身体内环境

包含人类在内的生物界，普遍存在着共性或个性的生命节律，对此

目前虽然存在着外源影响论和内源自生论两种不同的观点，但两者都不得不承认这个事实的客观存在。节律与人类身体的健康关系极其密切，适宜的节律运动，对于人体的植物神经、微循环、淋巴等系统有着良好的调节作用，可以有效提高人体摄氧能力、增强新陈代谢、增加人体营养的吸收利用，改善身体内环境。何谓节律运动？就是有节奏、有规律、速率柔和匀缓运动方式的总称，它具有对称性、周期性、协调性、可调控性等特点，与人体生理活动节律合拍。研究分析发现，节律运动是对人体健康促进效果最好的运动形式，显著的功效使得它在康复医学、运动训练学等领域越来越受到重视。而当我们认真体会太极拳运动过程会发现，太极拳动作及功法符合节律运动所定义的全部特点，是一种设计合理、功效明显的节律运动。

第二节　王成 27 式太极拳的养生桩功练习

一、什么是太极拳桩功

太极拳原先和其他武术门派一样是没有桩功的，即使个别动作像我们现在说的桩功，但也不是作为桩功的，只是作为准备活动或辅助活动的一项辅助内容。桩功出现始于民国后期，逐渐流行则在 20 世纪 90 年代。

有人说太极拳行拳演习是活桩功，太极拳前辈在整套演习中，每一式，举手投足都十分规矩，体力消耗大，但也极易出功夫。后来随着社会形态的变化，人们受体力、时间所限，为体会某种劲路、招法或对某种疾病进行疗治，特择出其中某一招式进行专项练习，亦有明显的效果，于是此定式被人们称之为太极桩功；而被择出一些拳式，整理成套用于治疗目的，人们称之为太极气功。这些方法较全套练习拳式，简单、易行，对医疗健身或掌握某种劲路更有针对性，更容易获得明显的效果。现练习太极拳者，各层次的人均有，体质、年龄不一，并且练习时间也远不如前人充裕，故有某些定式练习是很有必要的，尤其是对医疗作用之目的，习者细心体会，会取得奇妙的效果。

二、练习桩功需要注意的事项

太极拳的桩功具有很好的健身养生效果。但太极拳的桩功训练并非站着不动，特别是反对久站。这和现在许多流行的所谓"健身型"太极拳完全不同。所谓的"健身型"太极拳往往教人们站静桩，并且主张站得越久越好，似乎站得越久就越有内功，越能养生。这是完全错误的。静桩站久了，不仅练不出内功，更谈不上养生，反而会伤身。

过去中医学就有"久站伤骨"的说法。在《黄帝内经》中的"五劳所伤"中，有这样的提法："久视伤血，久卧伤气，久坐伤肉，久立伤骨，久行伤筋。"

所谓"久立伤骨"，是因为人们经常处于站立状态，时间久了会导致骨骼的气血运行障碍，导致肌肉紧张，会造成骨骼损伤，因而进一步可能产生瘀血积块，长期的承压，骨关节会产生骨刺或损伤，会出现血肿，严重的可导致癌变。

长时间站立，还会造成跟骨下脂肪垫损伤，发生出血、水肿、变性、变硬等病变，也会使跖骨筋膜在跟骨附着处产生劳损，出现变性、撕裂、钙化和疼痛。压痛点在跟骨底部前方，疼痛可向足跖部扩散，行走、弹跳加重，足底有紧张感，不能持久站立行走，平足患者症状明显。

一定时间的站桩有利于调息，有利于内里修复，如果长时间就会适得其反。近些年个别人出于私利或不明真相，对桩功进行了片面宣传，夸大了它的作用，掩盖了它的弊端，给盲目追求站桩的人造成了伤害，出现膝关节疼痛，脚踵疼痛。长时间站桩并不能达到那些人宣传的效果，那些过度鼓吹的效果，撑破天就是自我麻醉一下而已，时间长了还对身体有害。合适的站桩，有益于身体，长时间的站桩，对身体有害，大家多多注意。

根据五劳所伤，也顺便提醒大家一下，久坐伤肉。现在坐办公室的人们，长时间坐在电脑旁边，不仅伤眼，还会因长时间久坐，不活动，使周身气血运行缓慢，出现痔疮或使肌肉松弛无力，因此过度注重打坐修持的人也要注意。

三、王成27式太极拳的养生桩功简介

王成27式太极拳遵从现代医学和运动科学，融合古代吐纳导引术的原理，结合中医学的相关理论，基于传统太极拳的桩功训练方法，设计出了适合现代人练习的养生桩功功法。这套养生桩功功法共包含五个桩功，即太极桩、一字桩、转手养膝桩、晃桩和独立开合桩。这五个桩功是笔者长期研究传统太极拳的心血之作，乃笔者之独到发明，在其他各派太极拳和其他武术种类中均未见。经过30余年的讲授，成千上万的太极拳爱好者通过习练其中的一个或几个桩功，真正提高了健康水平，实乃造福百姓之举。

和通常的太极拳以及其他武术的桩功相比，王成27式太极拳桩功具有以下特点：

第一，活桩设计。某些流行的健身型太极拳的站桩练法是傻站，站静桩，并且要求站很长时间。而笔者通过长期的研究和实践，以及向老武术家们反复请教探讨，提出了傻站不出功夫、傻站有损健康的观点。27式太极拳坚决反对傻站。通过改造传统太极拳里一些单练功法，设计出了一套活桩练法。这套活桩练法无须傻站，也不需要练很长时间，而是顺其自然，起到事半功倍的效果。

第二，动静结合。活桩的特点就是动静结合，动静转换，动中求静。全套功法均通过身体整体性的圆圈运动来完成，体现了陈式太极拳的缠丝劲的特点。同时在习练这套功法时，要求意气劲相合，使得外在的身体运动和内在的心静高度统一，起到很好的修身修心的作用。

第三，兼顾技击和养生。27式太极拳桩功的五个功法不仅具有养生的作用，而且也是太极拳技击基本功的训练。比如晃桩就是过去传统太极拳练习掤劲的方法，笔者在过去的掤劲专项练习方法的基础上，重新设计，形成了现在27式的晃桩功法。晃桩功法既保留了原先掤劲练习的特点，又增强了养生功效，实乃一举多得。这五个桩功的技击意义在

"下卷"中会专门讲述。

第四，科学养生。27式太极拳的养生桩功符合现代医学和中国传统中医理论，是两者的有机结合。比如太极桩中，包含了转手动作、转大臂动作、对拉拔长动作、静蹲动作等，这些动作能够通过绞拉人体肌肉和关节，刺激有益物质的分泌，促进气血循环，激励好细胞的生产，这和现代许多优秀的健身方法类似，也和瑜伽等健身养生原理类似；同时，在实现这些动作的过程中，要求配合呼吸，保持身体的运动节奏，这又体现了古代导引吐纳术的原理。

第五，顺其自然。27式太极拳尤其强调顺其自然。与流行的众多太极拳理念不同，27式太极拳不强调刻意的腹式呼吸或者逆腹式呼吸，而是自然呼吸；不强调时间，而是随时随地可练，练几分钟亦可，练几十分钟亦可，一是看每个人的空闲时间的具体情况，二是看每个人的身体条件。练到自己不感觉到疲劳或者不舒服为准。总之，习练者舒心为第一位。这种顺其自然的练习理念反而产生了意想不到的效果，要比刻意讲究时间和呼吸方式的练法来得效果更快，并且不会出现副作用。

第六，破除迷信。流行的太极拳桩功练习过于强调道家的丹道学说，刻意把动作复杂化，甚至把某些所谓"气功"的那一套嫁接过来，干脆把太极拳当作气功。这是非常错误的。气功本身并不神秘，只不过就是吐纳导引之法。自然动作配合自然呼吸，仅此而已。一些太极拳师故意用各种武侠小说的情节术语来蒙骗习练者，误导习练者，习练者不仅没有练出真正的太极功夫，连基本的健身效果也达不到，纯粹浪费时间和金钱。27式太极拳虽然也吸收了丹道学说的某些有益成分，但不搞迷信，而是强调顺其自然的练习，通过正确的动作技术与合理的运动来达到养生的目的。也就是说，太极拳的神秘功夫都是通过反复练习就可以达到的，仅仅是太极拳的独特技术而已，可以通过现代科学加以解释，而不需要追求各种玄乎的功夫。

第三节 王成27式太极拳的养生桩功练法

一、太极桩练法

身体自然站立，两脚距略宽于肩。两手随身略右转，再随身左转，两臂平行至身左侧上方，高于肩，与肩成25°角。从动身起开始吸气，至此止。参见图3-1-1、图3-1-2、图3-1-3。

然后略停顿，身右转至正前方，双臂平摆到正前。轻轻下按，坐腕。由手、肘、肩、脊柱、胯、膝、踝、趾下沉，达到节节贯通。随动作，所蓄之气自口中一小缝中慢慢呼出。参见图3-1-4、图3-1-5。

图 3-1-1   图 3-1-2   图 3-1-3

图 3-1-4   图 3-1-5

健身原理：通过伸展，拉升背部肌肉、经络，使腰肌、颈肌得到修复。

预期效果：对脊柱、腰椎、颈椎有消除疲劳、调整肢体之功效，健康身体。

技术要点：上下肢、身体要按顺序依次起落，不得越过规定顺序。

易犯错误：起落时，手臂三节、脊柱、腿三节同时，没能分出层次。

自我纠错：通过镜子纠正动作，或请别人纠正动作运动顺序和层次。

二、一字桩练法

两脚自然站立或两脚分开，脚距略宽于肩，全身放松。参见图 3-2-1。

两臂一字展开，吸气，吸气时，两臂上升至略高于头。然后徐徐呼气，同时两臂缓缓下降，至胯侧一拃许，脊骨下沉。气呼完，再吸气，重复动作。参见图 3-2-2、图 3-2-3、图 3-2-4、图 3-2-5。

该桩功对于心膈痞闷，调整颈椎、胸椎僵硬有明显效果，该功法自 20 世纪 80 年代末公布之后，被一些流派的拳家借用，作为其门派的训练功法。

图 3-2-1

图 3-2-2

图 3-2-3

图 3-2-4

图 3-2-5

健身原理：拉伸胸部、腹部、背部肌肉和经络，调整肢体、增强免疫力。

预期效果：消除胸膈痞闷，愉悦心态。

技术要点：起落按次序运行，动作缓慢，呼吸均匀。

易犯错误：运动次序不对，动作忽快忽慢，导致呼吸不畅。

自我纠错：严格按要求顺序和层次运行，照镜子检查运行动作。

三、转手养膝桩练法

两脚站立略宽于肩，两腿膝盖微屈，身体中正，以两肘关节为轴，向身体一侧自然转动一圈，反复循环旋转圆圈。参见图 3-3-1、图 3-3-2、图 3-3-3、图 3-3-4、图 3-3-5。

待一侧转动足够量的圆圈后，可向身体另一侧旋转圆圈，反复循环。

膝关节微屈一段时间，有利于滑囊液分泌，滑囊液可以缓解膝关节骨面与半月板、髌骨之间的磨损，对于老年人的腿疼有着很好的作用，转手有利于手臂血管的微循环改善，对于手脚凉的人有很好的改善作用。该桩功本是 27 式太极拳的一个基本动作，由于对腿疼有很明显的效果，就其健身作用，钮华明先生建议可单列练习，称为转手养膝桩，大家采纳。该功法练习以 10~20 分钟为宜。

图 3-3-1　　　　　　　　　　　　　图 3-3-2

图 3-3-3　　　　　　图 3-3-4　　　　　　图 3-3-5

　　健身原理：转动绞拉手臂肌肉、血管、骨骼，改善微循环，保证气血通畅。

　　预期效果：可使肌肉、血管增加弹性，排出肌肉、血管壁的淤积，改善微循环，畅通气血，同时也刺激长骨骨端红骨髓生成新干细胞，增强免疫和造血功能。

　　技术要点：以肘关节为轴，左右旋转，肩自然垂下，身体尽量不动。

　　易犯错误：身体晃动，上抬肩部，腿随手起伏改变角度。

　　自我纠错：严格运动顺序和层次，照镜子自我纠正。

四、晃桩练法

两脚前后站立，距一脚远。两手心相对，肩下垂。坠肘，两臂如抱一大圆球，前后晃动。吸气时，身后仰，前脚掌离地。呼气时，身前俯，后脚跟离地，反复循环练习。这原来是太极拳练习掤按的一种方法，因对祛病健体效果极好，特择出专项练习。参见图 3-4-1、图 3-4-2、图 3-4-3、图 3-4-4 和图 3-4-5。

附《晃桩》的小诗一首，供大家细细玩味：

晚朝月，晨向阳，

阴阳和合精神爽；

内气足，百病祛，

松圆恬淡保健康；

腰胯膝，手肘膀，

节节递进功自长；

练掤按，习晃桩，

日久天长心自祥。

图 3-4-1

图 3-4-2

图 3-4-3

图 3-4-4   图 3-4-5

健身原理：拉伸脊柱、上下肢、肌肉、骨骼、血管等。

预期效果：促进血液循环，调理腰椎、颈椎、肢体，消除疲劳，增强免疫力。

技术要点：两掌心相对，节节迭起迭落，节节贯通有序。

易犯错误：两掌心不相对，手臂不分节，起伏不均匀。

自我纠错：严格运动顺序和层次，照镜子自我纠正。

五、独立开合桩练法

独立开合桩实际上是晃桩的一个变化。它更侧重于引化来力，锻炼下肢。方法如下：

（1）两脚前后站立，距一脚远。两手心相对，肩下垂。坠肘，两臂如抱一大圆球，前后晃动。吸气时，双臂晃动带动一腿提起，按胯膝踝的顺序依次离地，直到单腿独立状。呼气时，双臂下落向前，带动提起之腿落在身前，依次为踝膝胯顺序，原地开合起落往复进行。参见图 3-5-1、图 3-5-2、图 3-5-3、图 3-5-4、图 3-5-5、图 3-5-6、图 3-5-7。

（2）行走开合，两腿交替提起成独立步。可前进，可后退，进行动态练习。也可以在原地两腿交替独立练习。该桩功不仅具有晃桩的养生效果，而且对锻炼身体的平衡性、保护膝关节具有特别效果，特择出专项练习。

图 3-5-1

图 3-5-2

图 3-5-3

图 3-5-4

图 3-5-5

图 3-5-6

图 3-5-7

健身原理：与晃桩基本相同。

预期效果：除与晃桩相同外，侧重于来力引化、应变能力和腿部训练。

技术要点：顺序和层次要准确，速度均匀，上下肢对应变化。

易犯错误：手脚不一致，动作运行顺序和层次不合要求。

自我纠错：严格按要求，照镜子自我纠正。

第四章
习练王成 27 式太极拳的基本要求①

第一节　学练王成 27 式太极拳
需要遵循的基本规范

　　太极拳是一种优秀的武术种类，具有很强的技击性。习练太极拳是为了强身健体、保家卫国，而不是好勇斗狠、争名夺利。自古以来，传统武术都讲究立规，习练武术必须遵守规矩。违规者不仅得不到技艺的传授，严重者还会被逐出师门。现在虽然不像古代那么强调门户礼仪，但规矩还是要遵从的。大家遵守规矩，规矩就有了效力，社会才有了秩序；大家都不遵守，就会乱套，一切都没规矩，害人害己，而且也没有这个行业存在的可能。王成 27 式太极拳自然也要遵守自古建立起来的规矩。现把规矩转录如下：

---

　　① 本章的部分内容散落在《王成太极论》各章中，这次重新聚合整理，并加以扩展更新。参见笔者所著《王成太极论》，山东大学出版社，2015 年版。

太极门规戒律

一、仁爱待人，发扬太极。　二、尊重师长，作风正派。

三、孝敬父母，家庭和睦。　四、习练有恒，文武兼修。

五、团结同门，相互帮助。　六、尊重同行，虚心求教。

七、忠诚仁义，公正端庄。　八、谦虚谨慎，积极上进。

戒章十禁

一、邪，不正之气。　　二、习，无赖，习滑。

三、诈，欺骗撒谎。　　四、诌，下贱，不自尊。

五、恶，凶，狠。　　　六、贪，贪财，贪婪。

七、漫，口舌无禁。　　八、险，心胸狭窄，弃师妒友。

九、名，追求虚名。　　十、辱，叛门弃道，有辱师门。

除了上述共同遵守的规矩之外，还得注意遵守以下的行为规范：

第一，要对老师恭敬。

尊师重道是中国的优良传统之一。我们要尊重老师的知识和劳动成果。这些成果是老师呕心沥血得来的，它的价值不是你随随便便就可以取走的。经常碰到有这样的人，随口说"等我有空了，我跟你学学吧"。这种说法就是轻视人家劳动成果的表现。不付出就索取是强盗逻辑，是匪性，我们应该摈弃这种思想，回归到传统思想理念上来。

过去老师收徒弟是要讲究三代清白，也就是你的上三代是清白人家，不是匪类、奸邪之家，这个好理解。家庭教育对世界观的形成至关重要，"孟母三迁"就反映了环境的重要性。人们对一个人有没有家教很重视，因为它也是区别人们品质的一个重要因素。过去收徒注重三代的规矩，是有其道理的。

第二，尊重武林同道。

我们外出，在外地练拳，要找一个不打扰别人的地方练习。如果挨着别人的拳场，尽量远离些，因为人家教的东西，不是随便给人的，你在一边窥视，就有偷拳偷艺的嫌疑，容易引起人家的反感，因此要注意避嫌。如果人家不在意，让你在一旁看，那当然非常好，你安静观察就是，切勿多嘴插话，这是人家的场子，你得尊重人家，不然会发生不愉快的事。

老师教学，分入室弟子和学生，对这两种人要求都比较严。还有一种是旁观的，不可否认，好多旁观的也掌握了一些技艺，并且有的人还不错。但大部分是不能完整体现出老师的技艺和思想的。其中有些人还会到处标榜，说是某某老师的徒弟，总爱拉虎皮做大旗，招摇撞骗，惹是生非。所以在场子教拳，都不愿意让陌生人在一旁观看。

入门有早晚，要互相尊敬；入学早的年轻学生对年龄大、入学晚的同门同学，应尊重礼让，因为他们年龄长，人生、社会经验要比年轻人丰富，对学习方法更有深刻体会。因此，年轻者切莫充大，应规矩做人。技艺可互学，尊重为应当。并且老师传技艺，达者不分前和后。一些年纪大入门晚的学生，也得尊重入门早的年轻者，虚心跟他们学习技艺，因为他们虽然年轻，但接触技艺早，有些体会感受，如果把他们的经验借鉴过来，可以少走弯路，可以更直接地接受规范技艺。因此，年龄大的尊重年龄小的也是应该的，这也是规矩。

第三，要认真学习和传授基本功夫。

现在传授太极拳大都练拳架、推手，没有从基本功开始，目前大部分都缺乏基本功这项内容。教拳首先要教给学生如何踢腿、如何出拳、如何操掌等，这些都要先学会才能练套路等其他内容。也有的先练套路，后加出拳、踢腿等基本功内容。无论怎样，基本功这块内容不能省略。而习拳者更是要重视这些基本功的学练，基本功不会，或者不扎实，拳架练得再溜也是空的。一些练太极拳的人之所以不会防身，就是缺乏这方面的内容训练。如果加上这项内容会完整体现太极拳的卫生作用。

第二节　王成 27 式太极拳的学练前准备工作

要学好练好太极拳，需要在身心和基本功等各方面做好充分的准备工作。如果这些方面准备不充分，一来无法真正掌握太极拳细腻复杂的技术；二来也容易受伤。学练王成 27 式太极拳需要做好哪些准备工作呢？

一、要建立锻炼太极拳的健康理念

我们练习太极拳不单纯是为了练拳架、技击和健身，同时还要领悟太极理念，追求自然平和的心态，通过技击和健身的规范要求，正确理解太极思想，树立正确的世界观、人生观，愉悦人生，健康生活。一句话，要追求的是一种人生思想境界。

练习太极拳是以养为主，使人的心身达到最佳状态，每天练习 5 分钟，就能快乐几小时；练习 1 小时，能快乐一整天。长期练习，能使人愉悦人生，健康生活。

锻炼是享受，不是受罪，如果出现疼痛疲劳应停下来，休养调整，找出原因，恢复好再锻炼。

我们的古人非常智慧，自古以来提倡自然的养生理念，一切顺其自然，以养为主，养生的练法能够使人长寿。如强力而为、疲劳锻炼、不计后果卖力锻炼，往往反而伤害到自己的身体，甚至多短命。

锻炼和养生不是一回事。养生是中国的理念，它使你的机体、思维达到最佳状态；锻炼是外来理念，是体现竞技更高、更强、更快的理念，两者在肢体运动上有重合的地方，但追求的目的截然不同。由于近代提倡西学，"锻炼"逐渐替代了"养生"一词，使人们错认为锻炼就是养生，混淆了两个不同的概念。

王成 27 式太极拳以养生为本，以锻炼为形，养练结合，效果更佳。

二、太极拳练习十戒

许多老师在教学生时常常告诫要刻苦多练，这本身无可厚非，但分不清具体情况一味多练，可能会适得其反，不但不利于健康，反而有伤身体。太极拳初习时要按规矩练习，举手投足力求合规矩，这样容易出功夫。待掌握规律后，就应动作自由，达到"脱规矩而不离规矩"，形虽非而神似。

功夫是长期练出来的，最好不要长时间中断，只有长期坚持才能较全面地体会到太极拳的奇妙。有时在特定条件下，练习方法可不拘泥，以顺势而为为好；逆势而为，不但不出功夫，反于身无补，有碍健康，习者明知为要。这里给出习练27式太极拳需注意遵守的十戒：

其一，过饱不可拘泥练习。即使练习，应松练，不讲姿势标准，可松懈随意比划。切忌大幅度运转、低式。

其二，饥饿、肚中无食忌练，练习必伤，于身无补。

其三，疲劳过度不可拘泥练习。可松懈随意运划，令肢体松弛休息，慢培元气为上。骆驼常常被最后一棵稻草压垮，应多注意。

其四，睡眠不足可不按要求练。如练，可松懈随意比画，令大脑松弛休息。

其五，心情不好可不按要求练。如练，可松懈随意比画，不讲究姿势。调节好心情后，再按规矩练。

其六，大病缠身可不按要求练。如练，可随意比画，不讲究姿势。待元气恢复，再按要求练。

其七，醉酒不练，练习伤身。小醉，可不按要求练，随意比画即可。

其八，大喜大悲（心情过分激动）不练。如练，可不按要求练，随意比画，待心怡气顺，再按要求练。

其九，天气异常、恶劣，电闪雷鸣、狂风暴雨，忌练，恪守元神。

其十，雾霾天、过热过冷的环境、不通风的环境、异味重的环境等恶劣环境中不练，于身无补，反而内损。

切记！

三、习练太极拳前应学会放松

身心放松是练好太极拳的关键，也是人们一直在追求的目标。有关太极拳的书籍可谓汗牛充栋，其中谈论放松的比比皆是，从头发到脚趾都有许许多多的规矩，使初学者茫然，也使练拳多年的人无所适从。

那么如何放松呢？多年的练习使笔者体会到以下几点：

一是要松胯。松胯则裆圆，下肢运转灵活，进退不僵滞，腰转自如。松胯不是架势低，架高一样松，一样运转灵活，架低胯不松，则运转不灵。有些练习者动作来回晃荡，就是胯没松好，变化不能直接从转动中形成，只好在往复荡动中移动重心，从而实现招式的变化。这个毛病很普遍，练习者应注意克服。

二是要松肩。肩松则上肢灵活反应快，而且气血易达指尖，从而改善微循环，达到健身之目的。太极拳名家陈鑫说："肩膀头骨缝要开。始则不开，不可使之强开。功夫未到，自开时心说已开，究竟未开。必功苦日久，自然能开，方算得开。此处一开，则全胳膊之往来屈伸如风吹杨柳，天机动荡，活泼泼地毫无滞机，皆系于此。此肱之枢纽灵动所关，不可不知。"[①] 注意，松肩不是沉肩，一般认为，太极拳讲究沉肩坠肘。其实不完全对。肩是松开的，并非下沉。太极拳中，只有松开肩膀骨缝，才能做到肩的灵活运转，此乃太极拳处处走圆弧的技术特点所必要的条件之一，仅仅沉肩是无法实现圆活的。

三是知道了放松肩胯后，在动作运行中，要注意上下肢体的变化。上肢：应先出手，再出肘、再出肩；回收时，应先收肩，再收肘，最后收手。下肢：先出脚，再出膝、再出胯；回收时，先松胯，再收起膝，最后收脚。即：手、肘、肩，脚、膝、胯；肩、肘、手，胯、膝、脚。在练习中，一定按这套程序运行，再快也是这套程序，再慢也是这套程

---

① 陈鑫：《陈式太极拳图说》（简体版），第 106 页，山西科学技术出版社，2006 年版。在另一个版本中，此段为"肩膀骨缝不开，则胳膊转动不灵。胸合不住，则横气充塞，转运多滞。裆不开圆，则旋转不随。此上中下三大关节不可忽"。参见陈鑫：《太极拳图画讲义》，陈东山（点校），第 22 页，山西出版传媒集团、山西科学技术出版社，2009 年版。两段话有较多差异，可能是整理者依据不同手稿版本的缘故。

序。当然特殊情况例外。久而久之，则成自然，太极韵味自出。外形如行云流水、平沙落雁，动作悠悠哉，心情融于湖光山色之中，心情焉能不放松、不愉快？内气充盈，手如灌铅，立如中流砥柱，健身防身之功效又焉能达不到？

四是其他部位的放松。在肩、胯放松的基础上，注意不用僵劲，就可达到其他部位的放松。

第三节 太极拳的练习方法

过去老师教徒弟的方法是滴灌式的，一点一点地向你灌输，这样基础牢固，容易传承发扬，但缺点是不利于大面积推广，不能像办学校一样，一批很多人。但是无论哪种方法，能达到精英水平的总是少数。

一、专注，多练不多想

在练习期间，要注意专一性和专项训练。切勿看看张家练法，学学李家练法，这样绝不可能练好。只有在你的动作定型后，也就是肌肉形成记忆后，你可参考别人的，增加你的变化。大部分人都喜欢学一大堆东西，一会儿这个套路，一会儿那个套路，一会儿这个器械，一会儿那个器械，乱七八糟地敛罗一些，妄想取百家之长，结果是囫囵吞枣，消化不良，啥也没学好，好多人就干脆不练了，把东西还给了老师。

想吸纳百川吗？你必须有条主线，一个主干，其他所有东西都是为这个主干提供养料。笔者对学拳的体会是，老师教你做的，你一定做会，再搞别的。有些师兄学拳比笔者早，会的东西也比笔者多，有时也诱惑笔者，师弟你练练这个吧，笔者总是说："我笨，先练好基本的再说别的吧。"笔者曾多次受到他们的批评，说："你这个人太固执，不知道我们为你好吗？"笔者赶紧答："我太笨，一样没学会再学别的，就怕什么也练得不像样，被老师批评。"几年过去后，老师说笔者已经远远超过那几个师兄了，几个师兄也说笔者脑袋好使，有文化，聪明，其实他们下功夫更大，时间更长，就是不专一，就和小猫钓鱼一样，一会儿捉蜻蜓，一会儿扑蝴蝶，到头来耽误了正事。

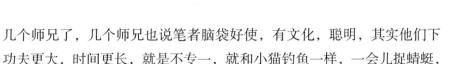

王成拳语

广学而不精，博一哂笑而已，
择一技习而致精，可谓大家。

笔者教一个学生练倒步，这是太极拳中的后退方法，他每天都练，体会我教给他的"无嗔无欲无托靠，随势飘移自逍遥"的感受。枯燥地练习，使得在拳场里的人都烦了，就说："你天天练倒步，就不会别的套路吗？"他答道："老师还让我练，我感觉还是不行。"问者不屑，其他同学也不理解，感觉他傻。几个月后，他的倒步基本练出来了，那些觉得他傻的人，还得按老师的指示跟着他学习倒步。大智若愚，傻者不傻。这就是专一性和专项的训练，有没有经过专项训练，一出手就能看得出来。我们知道乒乓球专业队训练，教练都是先专项地训练一个技法，一个技法反复练习了多少万次，才能固定下来，而业余选手虽然练习时间长，一碰到专业的就马上败北，因为他们不是科班出身，没有经过严格的专项训练，所以专项训练十分重要。

二、科学地练习

反复练习一个动作或几个动作，待熟悉后再练别的，这种练法看似慢，但效果好，它比死下力气进度快。不能一次几个小时地进行多项内容练习，这样不仅什么都练不好，还搞得身体吃不消，造成伤害，适得其反。

勤练还得讲究科学练习。一个朋友非常刻苦，每天练习好几个小时，因为他是中年练拳，怕达不到他老师说的那个高层次，早上练，下午练，晚上也练，一会儿这个套路，一会儿那个套路，练得汗流浃背了。笔者曾多次劝告，不要这样，这样会练出毛病的，他不听，因为有人表扬他进步快，再有什么什么就练出来了。后来他练伤了肺，得了哮喘，为此对老师颇有微词，病了几年，刚50岁出头就驾鹤西去了，大家都很痛心。这件事也教育大家，练习一定要合理，要尽量科学。不可否认，过去也有一些不科学说法，在诱导人们犯错误，对过去的说法要鉴别分析，不能不假思索地顶礼膜拜。过去的所谓拳论、拳谱都是那个时代人的体会和认识，由于受到文化理解和科学知识的限制，不能准确地解释真谛，社会发展到了现在，应该利用新的知识、新的思想来理解过去的东西。

三、善于给别人当靶子

给人喂手，能体会出好多东西，能碰到各种各样的变化，见多识广，对提高自己的水平有很大帮助。大家可以看到好的陪练都是高水平的专业人士，而那些不想给别人当靶子，只追求把别人一下打倒的人，大多都技艺不纯熟。因为他们不愿给人喂手、当靶子，别人也往往对他们应付行事，他们当然也就很难取得进步。只有听从老师的建议，规规矩矩地给人喂手，同时总结对手动作的对错，既帮助别人也使自己建立起合理的练习程序，通过团结协作、互相配合，才能很快地达到理想的练习效果。

四、具体内容要量化

对自己练习的内容，要量化、具体化，自己给自己定下固定的练习数量，这样有可操作性和固定目标，能容易地实现阶段目标，从而逐渐掌握自己所练习的技艺。练习出拳，你每天做几百次，占用时间不多，一段时间后就能建立起合理的出拳顺序和用力方式，能较快地掌握所学内容，这比每天练习整个套路要简单得多。有了具体的量化指标，你做起来不枯燥，近期目标容易达到，给自己一个信心，逐渐积小成而为大成。俗话说得好，"不怕慢，就怕站"。笔者在教学生们练习缠手时，告诉大家首先要转手多少次，才能体会出太极缠手的作用。笔者有一个学生自己规定了每天转手的数量，一次为达到自己规定的数量，在车站等车时还不停地甩手转动。过了一段时间，笔者教小缠丝第二层技法时，经几日指点，这位学生就很好地掌握了。而那些没有具体量化的人，有的嫌动作简单枯燥，逐渐不愿练习，还有的觉得看不到希望，逐渐放弃了。没有足够练习数量的，你一看就知道，学起来笨手笨脚的，很难接受新的内容。只有量变才能达到质的变化，技艺没有足够的练习数量，是练不到身上的，好多人不能掌握太极拳的技法，就是缺乏简单动作的重复。其实没有简单的重复，人再聪明也不可能一下子就掌握所学内容，任何技艺都是一样。

五、知行合一

王阳明先生提出"知行合一"，在练拳中也是这样，必须要明确自己学什么，明白自己达到了什么程度。

知道自己练什么，还必须知道自己练到了什么程度，老师教的一定要练会，似是而非、差不多是不行的。笔者教学生练习小缠丝，开始这个比较简单，就是三个动作，但是练好也不容易。有人看了几遍就觉得会了，就跑到一边去了，过一段时间等笔者检查的时候，他问笔者："不是这样吗？"笔者回答道："不是。"对这样不认真的，你再说也没用，他打心里就没想好好学，说了也等于白说。不久，等大家练习到小缠丝碰手、主动抢手、拿、发的时候，他基本的动作还没有掌握好，这个技艺基本就没学会，也就和别人无法交流了。几个月下来他对人家谈的体会都无法理解了。所以说，"船载过河者，法渡有缘人"，道理是讲给懂道理的人听的。往往会碰到这样的人，自己没练会，找借口——过去老师是这样教的，我这是老的练法，把责任又推到老师那里去了。有时候老师的教学内容会有变动，但大部分是先教基本技法，当你练会后再逐渐增加新的内容。技艺就是通过反复地练、反复地提高才能掌握的。笔者常告诉学生们，功夫练到哪里，老师才能指点到哪里，老师就是给你指点方向的，一个学生练了一段感觉不错了，让老师一看，指出毛病，继续练习又有了新的体会，他很感慨，说这才体会到"层层妙无穷"的感受。

做到知行合一，光理解了还不行，还必须练到身上，学武和学文不同，武术理解了还得练到身上，形成大脑记忆和肌肉记忆，练到不假思索，信手而出；而学文只要理解了，就算学到手了。

六、性命双修

中国古人一向提倡性命双修，心智和肢体修持不可偏废。2008年，笔者与朱成广等在辽宁，孙东林建议去寺庙看看，他与住持很熟，该寺院为佛学院基地，有男女僧人各三百余人，据说香火很旺。登山入得门来，有人通报，住持被人搀扶出来迎接，在禅房落座叙话，住持问："太极拳与信佛有什么区别？"笔者答："法门不同，都可明心见性。"住持听罢很兴奋，俯身近前说："第一次听到这样的说法。"叙了一会儿话，住持眉目暗淡，说："前些日子伤了腿，这几天正在恼闷，是否得罪了佛祖，受到了惩罚，伤势不见好转，不知腿还能不能好。"原来，住持见僧人整日诵经、打坐，运动很少，精神萎靡，想编一套健身方法，供僧人练习，用于强身健体。他苦想一段时间，编排了几个动作，一日早起，自己先体验一下，不期用力过度，伤了腿脚，行走困难，心中很是郁闷。笔者说："着相了，用心为善，何来怪罪，只是你平时少运动，肌肉无力，再加上肢体与思维协调不好，导致运动出伤。学有所长，术有专攻，一些事情不是想想就能做到的。"笔者帮住持检查了一下，看腿没有伤着骨头，只是扭伤，因怕疼不敢动，导致瘀血难吸收，所以迟迟不见好转。笔者教给搀扶住持的小僧如何按摩的手法，又嘱咐每日温水加两味中药熏泡，安慰他说无大碍，几日即可康复。住持听罢高兴，一扫愁眉苦脸相，提出让笔者的学生到寺院教众僧人练习拳术，笔者答应了，下山告辞，返回家中，几日后学生来电话，说住持康复如初。所以要性命双修，心智和肢体都要修行。

第四节　太极拳的理解与传承

老师教给别人的东西，那是别人练的，你只能看，只能体会，不要过于在意，因为老师是因材施教，按人制定教学内容，那个内容是根据个体条件设置的，执行人的水平、理解能力、体质都和你不一样，那只适合别人。经常能听到有些人叨咕，老师教的这招厉害、管用，赶紧练；明天又看那招厉害，赶紧练。最后好东西太多了，练不过来了，结果费了不少劲，什么也没练出来，这样的实例多的是。其实你安心练你自己的就行了，太极拳讲究中定，也就是人们常说的主心骨，人没有定力（主心骨）做什么也不会成功，"东说东流，西说西流，见个和尚就剃头"，通常难有作为。

千万别这山看着那山高。有个学生比较聪明，看到笔者教其他人练习的内容，只是体会一下，笔者说的话他听不懂，别人叫他一起练习，他说我不练了，练不会，差别太大，我还是先练我的东西吧。那些随便练、凑热闹的人，几十天后，什么也没掌握，而这个不练的，在掌握好自己的东西后，在进行下一个内容时，比那些凑热闹傻下功夫的人水平都高。有时候老师再三嘱咐，都不管用，只有自己悟到了，才能明白，所以老师只是布道解惑，不能代替你的理解。老师指路，行走还得靠自己。不停地走，不停地指引，才能不断地进步提高。

待达到一定水平后，多走访一些明白人，这些明白人不见得是多么有名，但他确实明白拳理，对你有启迪作用。人水平有高低，见解各有不同，听归听，看归看，好的借鉴过来，不适合的就当开阔眼界，通过走访提升自己的水平。1999年，笔者从国外返回，与一个师弟拜访了济南武术家周子和先生，谈起武术界的往事。他对秘道纯老师很佩服，提起过去一些事情。第二天我们又拜访了吕剑侯老师，吕老师是年80多岁，他拿过韩复榘时代擂台赛短兵冠军。老人家见到我们很高兴，坐在马扎上，一定要跟笔者试试手。笔者也很高兴，爷儿俩就比画了起来。

老人虽然年老，出拳很快也很有力，笔者用粘手迎接，老人对笔者很赞赏。老人家兴起，把谭腿的口诀告诉笔者，说天下武术一家，多懂点有用。笔者非常感谢他，说等有机会再去看他。但等笔者在国外工作再次回国时，老人已作古，享年97岁。

过去武术界讲究"既要拜名师，又要访高朋"。高朋有时候能起到当头棒喝的作用。高朋谈得投机，相互仰慕对方技艺，有时候结拜盟兄弟，有时候就征得老师同意，引荐朋友拜在自己的老师门下。如果老师已经过世，经同门师兄弟同意，在老师的坟上行礼，也是同门师兄，学生替老师收徒，这种现象很多。中国武术界各门各派基本都有渊源，所以天下武术是一家，武术界有"人不亲，艺亲；艺不亲，刀把子亲"的说法。

笔者到一个地方，一个同门晚辈为笔者接风，随他一起来的是他在另一个门派的师兄，也应邀作陪，人家年龄大，听人介绍还是一个门派的掌门，他私下问："我该怎么称呼老师？"他的话被笔者听到，笔者忙答："各论各的吧，你年龄比我大，你是老兄；反正胡叫八叫，阎王爷不知道，大家随便更好。"大家哈哈大笑。后来谈起渊源，他说我还真该称你为前辈，笔者说，那么客气干吗，都是几辈子的事情了，咱们随便多好，酒席间很愉快。

其实笔者不算武林中人，练拳习武只是把它作为修身的一种方式，一个业余爱好而已，很少出头露面，只是偶尔碍于情面推辞不开，凑凑人场。

之所以这样，一则是工作太忙，一直忙来忙去，好多亲戚朋友都有意见，你成天忙什么呢？笔者自己都困惑：到底这些年忙什么呢？二则是老师们告诫笔者安心练习，少掺和事。有些武术界人士有草莽脾气，一句话能有过命交情，为你赴汤蹈火，电视剧《水浒传》的歌词"生死之交一碗酒，说走咱就走，你有我有，全都有哇"，恰如其分地反映了武林界的豪爽、恩怨分明的特有秉性，同时，武林界的一句话也能使人反目成仇、记恨多年。20世纪50年代末，秘道纯老师在一家武馆休息，听外面练习者议论太极拳的八法，说：别的还明白，就是这个"靠"不知道怎么用。秘道纯老师一时性起，出得门来，说这还不容易，一搭手就使了个靠法。他的手很软，用起来一般人还真感觉不到，把一个大汉靠了个趔趄。当时大家都没事，大汉回去跟老师一说，人家老师不愿意了，为此结了仇，直到 20 世纪 80 年代还没有解开。一次我们凑在一起，笔者说不大的事，都这么多年了，不要纠结了吧，大家想想其实也没什么。

还有 20 世纪 90 年代，一个同门师兄来山东，酒席间谈起擒拿，这位师兄示范小缠丝，山东的师弟没让他使，往前一推，示范缠丝的人晃了一下。本来不是事情的事情，被人扩大后，传得沸沸扬扬，示范缠丝的人还在日本发布一个更正，来说明事情的经过。后来相互关系冷淡，来往不多了。

武术界各门派相互关联、相互沟通，又特别注重义气，这种错综复杂的交织牵连方式，再加上不畏强暴势力的秉性，为历代官府所忌惮。当政者对武术既怕又割舍不去。正如战国的韩非子在《五蠹》中说："儒以文乱法，侠以武犯禁。"而清政府对武术的摧残尤其残酷，清朝雍正皇帝就曾对清剿武术下过手谕："着各省督抚，转饬地方官：将拳棒一事，严行禁止。如有仍前自号教师及投师学习者，即行拿究。"

你看武术的传承是多么不容易。

第五章
王成 27 式太极拳的基本功练习

任何种类的传统武术都离不开必要的基本功训练，太极拳也不例外。基本功通常包含两个部分，一是对手眼身法步的基本技术要求；二是各派武术针对自身的技术特点所设计的基本功练习方法。现在很多人讲授或者习练太极拳时，都轻视基本功训练，即使练习多年，也还是拳架不规范，轻则无法习得太极功夫，严重者还会因此伤身。规范的拳架是获得太极功夫和健身养生的前提，基本功训练是达到太极拳拳架规范的必经途径，这点大家一定要牢记。

第一节　习练王成 27 式太极拳的准备活动

太极拳是种深奥的拳法，习之不易。要学好 27 式太极拳，必须了解和掌握手眼身法步的基本技术要求。

一、相关术语说明

为了帮助大家正确理解 27 式太极拳的技术要求，特制定以下技术规范，用来度量手脚运行长度单位和运行方向：

1. 内旋和外旋

手心翻向上为内旋；手心翻向下为外旋。

2. 外摆和内扣

脚尖向外摆，称外摆；脚尖向里摆，称内扣。

3. 一拃（zhǎ）

是指自己张开手掌，从张开的大拇指指端到中指指端的距离。

4. 一脚

是指自己的脚踵到脚趾最长端的距离。

二、准备活动

练习前应进行必要的热身运动，以避免造成肌肉骨骼损伤，习者应注意。

1. 弓步压腿

呈弓步，两手放在弓腿膝上，腿轻轻下压。按十次。转身压另一腿。

2. 仆步压腿

呈仆步，两手分别置于两个膝上，下压，每侧十次。

3. 踢腿

自然站立。合手于胸前，略转身，一脚独立，另一脚前踢，其脚面绷直。顺手拍击脚面，另一手向后摆出。左右交替进行，共二十次。

4. 左盘步擦脚

（1）立正站立，眼看右前方。右脚向右前上近两脚远，两手前后分开。

（2）右脚尖外摆45°，身下沉，右转，两手随身右转合于胸前。右手在外，左手在里，眼看右前方。

（3）身左转，向左前方踢左腿。两手经体前向上、向侧分开。左下击左脚面，右手心向身右后侧撑出。高于头，距头两拃半远，眼看左前方。右盘步擦脚相同，唯方向相反。

5. 搓步双撞

（1）两脚前后站立，两臂略窄于肩，随吸气同膝一起上升，气提到膻中穴，动作亦停，然后呼气。

（2）臂随全身下沉至脐高，同时屈膝，前腿的前脚掌着地。臂、脊背再随吸气略上升。前腿提膝，以脚跟贴地向前搓出一脚许，后脚随即向前跟半步，两手掌向前双抖撞击。同时呼气。

第二节　王成27式太极拳的基本技术规范

基本技术规范是针对手眼身法步的基本技术规定。不同派别和种类的武术的基本技术规范存在差异。27式太极拳有自己独到的基本技术要求。

一、手型

1. 掌

大拇指与小拇指有相合之意，大拇指轻贴于食指，食指与中指间开一缝。中指与无名指亦开缝，但小于食指与中指间的缝，以利中指领气。

中指是上肢最远的梢节，注重中指有利于改善上肢的微循环，促进气血的运行，注意：这种掌型不是故意强硬摆出来的，它是在自然放松的情况下，自然形成的结果。如图 5-1-1 所示。

图 5-1-1

在27式太极拳中，掌以立掌、侧掌、按掌、搓掌和托掌等形式出现。

（1）立掌。立掌的基本要领同上，唯中指尖向上。如套路正架中"肘底捶"一式中的左掌。

（2）侧掌。基本要领同上，唯中指尖略向侧前方。如套路正架中"单鞭"一式，定式时的左掌就是侧掌，中指略侧向左前方。

（3）按掌。分单按、双按。基本要领同上。唯掌心朝下方或前斜下方。如套路正架中"金鸡独立"一式的下按掌属单按；"六封四闭"一式中的双掌属双按。

（4）搓掌。基本要领同上，唯掌心侧向上方。如套路正架中"双撞"一式中的双掌。

（5）托掌。基本要领同上，唯掌心向上。如套路正架中"金鸡独立"一式的上托掌。

掌的使用中易犯的错误：①手腕僵直，气血运行不畅，参见图5-1-2；②五指乍开，容易伤着手指，参见图5-1-3。

图 5-1-2　　　　　　　　　　　　　图 5-1-3

自我纠正：对照说明，严格按要求做动作。

2. 拳

四指并拢卷曲，指尖贴于掌心，然后拇指自然弯曲，贴于食指与中指中节指骨上。不宜握拳过紧，拳略虚。四指依次略排列成小圆弧形。如图5-2-1所示。

在 27 式太极拳中，拳表现出阴拳、阳拳、撩拳和摆拳等具体形式。

（1）阴拳。基本要领同上。唯拳心向下，如套路正架中"掩手拳"一式中的右拳。

（2）阳拳。基本要领同上。唯拳心向上，如套路正架中"搬拦捶"一式的左拳。

（3）撩拳。基本要领同阴拳。唯用力时，自下向上弹击。如套路正架中"劈架子"一式的左拳。

（4）摆拳。分为外摆拳和内摆拳，基本要领同阳拳。外摆拳如套路正架中"搬拦捶"一式的左拳。

易犯错误：握拳过紧，拳面平，无法二次加力打击。参见图 5-2-2。

自我纠正：照镜，严格按要求握拳。

图 5-2-1   图 5-2-2

3. 勾手

五指捏拢，屈腕放松。既不能过松折腕成死弯，也不能太直，腕部无弧度。如图 5-3-1 所示。

易犯错误：①折腕成死弯；②太直无弧度。如图 5-3-2 所示。

自我纠正：对照检查，严格按要求动作。

图 5-3-1   图 5-3-2

4. 八字手

中指、无名指、小指并拢卷曲，指尖贴于掌心，大拇指与食指伸开呈八字形。最初用于抓筋闭脉、分筋错骨，现大都不用。但为大家了解太极拳，故而仍保留此手型。如图 5-4 所示。套路正架中"掩手拳"一式中的左手定式时就是八字手。

图 5-4

易犯错误：这个手型简单，不容易出现错误。

自我纠正：无须纠正。

二、步型

1. 弓步

前腿屈膝半蹲，脚尖稍内扣。后腿蹬，后膝盖略有下垂之意，脚尖里扣。弓左腿为左弓步，弓右腿为右弓步。如图 5-5-1 所示。套路正架中"懒扎衣"一式定式时即是弓步。如图 5-5-2 所示。

图 5-5-1

图 5-5-2　懒扎衣定式

2. 马步

两脚左右开立。略比肩宽，屈膝半蹲，两脚尖略外摆，为小八字形，重心在中间。如图 5-6-1 和图 5-6-2 所示。套路正架中"顺拦肘"一式就是马步。

图 5-6-1　马步（正面）　　　　　　　图 5-6-2　马步（侧面）

3. 侧马步

两脚分开，一屈膝半蹲，左脚尖朝左，重心偏于右腿。两脚全脚着地，相距两个半脚长。重心偏于右腿，左脚尖朝左，为左侧马步；重心偏于左腿，右脚尖朝右，为右侧马步。如图 5-7-1 和图 5-7-2 所示。套路正架中"回身肘"一式用到了侧马步。

图 5-7-1　侧马步（正面）　　　　　　图 5-7-2　侧马步（侧面）

4. 虚步

两脚前后分开、两腿屈膝半蹲，膝微内扣，重心偏于后。前脚掌虽全部着地，但前脚为虚。左脚在前为左虚步，右脚在前为右虚步。如图 5-8-1 所示。套路正架中"白鹤亮翅"一式步法为虚步。如图 5-8-2 所示。

图 5-8-1　　　　　　　　　　　图 5-8-2　白鹤亮翅的虚步

5. 仆步

　　一腿屈膝下蹲，臀部靠近脚跟。脚尖外展，一脚向侧方伸出铺直。如图 5-9-1 所示。套路正架中"雀地龙"一式为仆步。如图 5-9-2 所示。

图 5-9-1　　　　　　　　　　　图 5-9-2　雀地龙中的仆步

6. 独立步

　　一腿站立，另一腿屈膝提起。站立之腿略屈。左腿站立为左独立步，右腿站立为右独立步。如图 5-10 所示。套路正架中"左右独立"一式就是独立步。

7. 盘步

一腿在前，一腿在后，转身，交叉盘腿，略下坐，前腿支撑重心。左腿在后为左盘步，右腿在后为右盘步。如图 5-11 所示。套路正架中"左右擦脚"一式用到了盘步。

图 5-10

图 5-11

三、身法和眼法要求

1. 身法

（1）身法：身体要中正，不得前后倾斜，身体为轴，旋转要活。

（2）伏潜提升要迅速，侧身要配合好步法。

如图 5-12-1 和图 5-12-2 所示，以套路正架中的野马分鬃为例。

图 5-12-1　转动中的身体中正

图 5-12-2　定式时的身体中正

2. 眼法

（1）动作运行中，眼视前方预定目标，不得随意乱转，做到看前顾后，眼睛不随便转动，可以保持身体中正，利于气血运行、利于身体转换，也利于攻防实施。如图 5-13-1 和图 5-13-2 所示，以套路正架中倒卷肱和云手为例。

（2）鉴于击技时，眼法有着至关重要的作用且内容繁多，具体练习方法待另文详述。

图 5-13-1　倒卷肱——眼法

图 5-13-2　云手——眼法

第三节　王成 27 式太极拳的基本功练习

通常人们把太极拳的基本功和准备活动混淆，以为踢踢腿、压压腿、拉拉筋就叫基本功了，这是完全错误的认识。所谓基本功，就是为了实现某种拳法的技击理念而必须掌握的基本技术训练方法。通过这些基本功训练，可以形成规范的技术动作，并通过反复练习产生肌肉记忆，从而获得技术动作的稳定性和可持续性，这是实现技击意图的关键所在。现在很多人认为太极拳就是用来健身的、传播文化的，而不是用来技击的，这本身就是一种错误认识。太极拳作为传统武术的优秀代表，具有丰富高超的技击内容，只不过因为民国时期太极拳转向健身为主，淡化了必要的基本功训练，进而导致基本功训练的失传，才导致了如今太极拳不能实战的窘境。而太极拳技击功能的丧失也直接弱化了其健身养生功效，这反而大大降低了太极拳的内在价值。

王成 27 式太极拳恢复了传统太极拳的完整训练体系，重新整理和设计了相应的基本功训练方法，这些方法不仅保留了传统太极拳的基本功训练内容，而且比传统太极拳的基本功训练方法更加简捷有效。这套基本功训练方法是由五个基本功组成的一个完整体系，包括转手法、转大臂法、转身化力法、弓步转换法和踢腿法。

一、转手法

1. 练习方法

（1）身体立正站立，两臂自然下垂。

（2）左脚向身左侧开步，两脚距略宽于肩，膝盖微屈。

（3）松肩、松胯、沉肘，双手同时向身左（右）侧划圈转动。

（4）手要自然伸开，手臂转动时要贴近于身，以肘关节为轴，转圆圈。小臂手掌平直，以肘为圆心转圈。

转手法参见图 5-14-1、图 5-14-2、图 5-14-3 和图 5-14-4。

2. 动作功效

（1）可迅速出现手心发热、手指头肚鼓胀，改善上肢微循环。

（2）以肘为轴心，转圈，可绞拉肌肉血管，增加肌肉、血管弹性，清理血管壁附着物。

（3）自然转圈，可尽快掌握缠丝劲，提高应变能力，对练习擒拿解脱有很好的效果。

易犯错误：肩部上抬，或肘关节远离身侧造成旋转不畅，转圈不圆。

自我纠正：严格按要求，始终以肘关节为轴，做到手掌要直，手腕不得出现弯曲。

练习次数：每次左右各转 100 圈，如有时间可多转。

图 5-14-1　转手

图 5-14-2　转手

图 5-14-3　转手

图 5-14-4　转手

二、转大臂法

1. 练习方法

（1）两脚自然站立与肩同宽，大小臂笔直，以肩关节为轴心，由身侧下方向上抡起，旋转 360° 回到原点为一圈。

（2）也可大小臂笔直，以肩关节为轴心，由身侧下方向身左（右）侧，贴身上抡起，在体前旋转 360° 回到原点为一圈。

转大臂法参见图 5-15-1、图 5-15-2、图 5-15-3 和图 5-15-4。

图 5-15-1　转大臂法

图 5-15-2　转大臂法

图 5-15-3　转大臂法

图 5-15-4　转大臂法

2. 动作功效

（1）治疗、缓解肩周炎引起的阵发性酸痛、活动受限、压痛、怕冷等症状，由于 50 岁左右的人易患此病，所以称 50 肩，长期伏案工作的人也会出现这些症状。

（2）绞拉上肢肌肉和胸大肌、背部肌肉及相关部位的血管，清除淤积，改善相关部位的血液循环。

（3）太极拳中松肩是关键，如此练习有助于松肩；该功法能达到放长击远、力达梢节的击技效果，这也是王氏法则"小臂不动大臂动"的具体练习方法。

易犯错误：①小臂和大臂不能保持一致，出现弯曲。②肘关节晃动，肩关节不是旋转，而是上耸下落。

自我纠正：严格按要求，照镜子自我检查。

练习次数：每次各 100 圈。

三、转身化力法

1. 练习方法

（1）两脚自然站立，与肩同宽，左脚尖略外摆，以左（右）腿直立为轴，向左（右）侧旋转。

（2）右（左）手向上摆过左（右）肩至背后，左（右）手随身转动至后腰。

（3）非支撑腿的脚后跟要拧起向外拧转。转腰是蹬劲起于脚，催于胯，带动腰左右转动。

（4）身领手随、手随身转，上下相合。

转身化力法参见图 5-16-1、图 5-16-2、图 5-16-3 和图 5-16-4。

2. 动作功效

（1）背部、颈椎及手臂肌肉、血管，使其增加弹性，清除淤积。

（2）刺激长骨和扁平骨的红骨髓，生成干细胞，从而生成造血干细胞和免疫细胞，取代破损旧细胞，达到健康身体之作用。

（3）刺激背部淋巴，提高免疫力。

（4）通过自我旋转，可矫正小关节紊乱，强壮腰肌、背部肌和颈椎肌肉。

（5）学会化解来力，练习自卫能力，用转身使犯我来力落空，后手顺势打击对方后脑。

易犯错误：转腰不是拧腰，拧腰出现腰脊柱扭曲，容易出现运动伤害。

　　自我纠正：严格按自然转动要求，不得强力旋转，注意转动前向外摆脚尖。

　　练习次数：每次可左右各转 100 次，如有时间可多转。

图 5-16-1　转身化力

图 5-16-2　转身化力

图 5-16-3　转身化力

图 5-16-4　转身化力

四、弓步转换法

1. 练习方法

（1）两脚并立，一腿支撑，另一腿擦裆后蹬，脚尖擦地而出。

（2）待后腿裆部打开，后腿蹬直，转身呈弓步。

弓步转换法参见图 5-17-1、图 5-17-2、图 5-17-3 和图 5-17-4。

2. 动作功效

（1）这本是武术中，用于偷偷把脚步滑至对方腿外侧或裆中，猛然转身，令对方跌倒。

（2）这是偷步的练习功法，也是练习开胯、压腿的方法。

（3）由于开步中擦裆后退，摩擦了外肾，外肾有热感，有很好的健身作用，用在套路中有健身回春的作用。

易犯错误：无擦裆动作，达不到应有的健身作用，脚尖没有擦地而出，身体不平稳。

自我纠正：严格按要求做，对照镜子找出不足。

图 5-17-1　弓步转换　　　　　　　　图 5-17-2　弓步转换

图 5-17-3　弓步转换　　　　　　　　图 5-17-4　弓步转换

五、踢腿法

1. 练习方法

（1）立身中正，外摆左（右）脚尖，身向左侧转动，右（左）脚，借身体转动之际，以脚、膝、胯节节递出的次序向左侧踢出。

（2）力达脚尖，胯关节尽量打开，重心转换要平稳，支撑脚尖要略偏向踢出方向。

踢腿法参见图 5-18-1、图 5-18-2、图 5-18-3 和图 5-18-4。

2. 动作功效

（1）增强下肢肌肉，减少老年人跌倒摔坏股骨头的概率，绞拉肌肉血管，清除淤积。

图 5-18-1　踢腿

图 5-18-2　踢腿

图 5-18-3　踢腿

图 5-18-4　踢腿

（2）明确腿部三节发力方式，练习击技中的勾踢，增加击技距离感，摔跌对手。

易犯错误： 三节不能依次发力，整个腿呈现一根硬棍子的感觉。

自我纠正： 严格按要求，对照镜子自我检查。

六、兰花手

太极莲花手，又叫"兰花手""兰花指""转指法"，因为手指转动起来，和一朵莲花（兰花）一样，所以人们称这种手法为莲花手；这种手法主要是用在擒拿和反擒拿的解脱、化力、拨动力点，锻炼指力力量，是属于小巧手法。本功法是张晨光老师所传，教授人很少；笔者有幸习得此技，并能略窥其妙，不敢私密，传授学生数人，在武术杂志上亦有披露，《精武》杂志曾配图刊出，现今略加整理，公布于众。有道是，"船载过河者，法渡有缘人"，愿能惠及有缘人。

1. 练习方法

自小拇指开始依次五指向怀里转动，叠列成拳；然后再以大拇指依次向外转动，叠列成拳；可以双手同时练习，不拘时间、场地，非常方便。待练习熟练后，让对手加力擒拿我的腕部、胸部、胳膊等部位，我试着用莲花手解脱，并反擒拿对方，再熟练后用该手法迎接对方的来拳或掌、爪等。参见图 5-19-1、图 5-19-2、图 5-19-3、图 5-19-4、图 5-19-5和图 5-19-6。

2. 动作功效

（1）莲花手的转指可牵动 100 多块肌肉、几十块骨头的运动，绞拉双臂的肌肉，使肌肉得到有氧锻炼；也能绞拉血管，促进血液循环，清除血管壁上的附着物，以达到健身效果。

（2）转指不仅可使肌纤维增粗，且肌肉中贮氧能力也得到提高。有利于肌肉中有氧化反应的进行，可使肌纤维膜和肌束膜的结缔组织均明显增厚，不仅抗拉力增强，也使肌组织体积增大。因肌肉收缩时牵拉作用的影响，也使肌腱组织增殖而变得坚实粗大。

（3）有研究指出，中国人使用筷子时，手指的运动可以开发人的智力，并能对人们有很好的健身作用，这和古老的锻炼方法暗合。这也说明中国的传统武术是最传统、最古老的，同时又是最先进、最科学的健身方法。

（4）提高接手敏感度，锻炼小擒拿的灵活度。

易犯错误：五指分不开，不能依次转动。

自我纠正：严格按要求，五指依次转动。

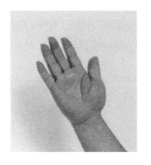

图 5-19-1　兰花手

图 5-19-2　兰花手

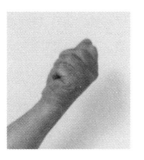

图 5-19-3　兰花手

图 5-19-4　兰花手

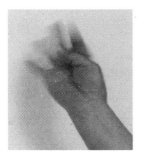

图 5-19-5　兰花手

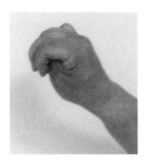

图 5-19-6　兰花手

第四节　如何学好、练好王成 27 式太极拳

一、王成 27 式太极拳的基本技术要点

1. 身体中正

在练习中，要求练习者下巴平直，令头部端正，在拳路练习中头部基本保持直立，这样可以使周身变化轻灵，并能更好地练习内里调整和修炼。可参见起势、懒扎衣等招式。

2. 单轴转动

在转身和动作过渡中要体现出一腿支撑，使套路更好地体现转关的妙用，达到"单重则随"的效果。可参见白鹤亮翅、野马分鬃等招式。

3. 摆扣脚尖

在动作运行中，脚尖先摆向前进的方向，利于重心转换，使骨关节处于合理运动状态，避免膝盖出现反蹩的现象，导致骨关节损伤，这个要求可避免和纠正有些太极拳套路造成损害膝关节的弊病。可参见劈架子、擦脚等招式。

4. 起落依次

在起落中，落时按胯膝踝，起时按踝膝胯，顺序依次伸展、收合。可参见双撞、擦脚等招式。

5. 倒步擦裆

在一些动作中体现传统武术的偷步要求，撤步需要擦裆，一者快捷隐蔽，二者转化灵巧，三者体现擦裆摩擦外肾的古老回春功法，为练习者提供秘传健身法，可参见单鞭等招式。

6. 出手依序

出手为手肘肩顺序，回收为肩肘手顺序，这样要求可以达到太极拳的粘连粘随、不丢不顶的效果。可参见劈架子、云手等招式。

7. 圆形S形定式

每个定式基本呈现S形，S形利于身体平衡、周身力量的传递，更容易形成整体发力的效果。可参见野马分鬃、金鸡独立等招式。

二、检查评估

评估检查是提升水平的必要手段，练习者只有不断地自我检查和他人检查多次反复进行，才能达到太极拳的基本要求，做到肌肉记忆，随手而得。27式太极拳自我评估标准内容参见表5-1。

表5-1　　　　　　　　　王成27式太极拳自我评估表

项目	自己影像对比	老师评比	练习时间	综合得分
身体中正				
单轴转动				
摆扣脚尖				
起落依次				
倒步擦裆				
出手依序				
定式				
冲拳				
倒步				
转手				
踢腿				
精神状态				

三、应对评估

　　动作是否正确？是否达到了相应的要求？在上述检查评估的基础上，还需要进一步在施加外力干扰的情况下进一步评估，也就是"应对评估"。应对评估的目的是测试对招法的体悟与应用。评估内容参见表 5-2。

表 5-2　　　　　　　　王成 27 式太极拳应对评估表

编号	项目	自我评价	老师及他人评价	综合得分
1	利用对手进行测试动作的正确与否			
2	对突然性应对的反应及应对			
3	医疗手段检测比较练习前后的健身效果			
4	比较练习前后的精神状态和思想境界变化			

第六章
王成 27 式太极拳套路——正架

　　王成 27 式太极拳套路分为单练套路和对练套路两种。本章和下一章讲述单练套路。单练套路和传统套路不同的地方在于，笔者不仅重新精简和编排设计了套路动作，而且针对传统套路左右训练不对等的弱点，有针对性地设计出同一动作的正反两套练法，构成了单练套路的正架和反架，反架可以视为正架的镜像，通过正反架的练习，可以做到左右训练均衡，大大提高了本套路的健身养生功效。

　　需要提示的是，单练套路是进阶性的，基础训练是慢架练习，通过慢练来获得柔化效果。在正反架慢练精熟的基础上，可以进入提高阶段的练习，这个阶段称作快架或者发力架，动作和顺序与慢练的正反架相同，但练习速度快，且增加了动作的发力训练。提高阶段是为技击打基础的。习练者可以在学会慢架的基础上，再体悟快架，以达到全面锻炼的效果。由于快架和慢架的动作和顺序相同，本章将不做赘述，仅仅给出慢架（正架）的动作说明。

　　说明：为了帮助大家正确理解 27 式太极拳的技术要求，特制定以下技术规范，用来度量手脚运行的长度单位和运行方向，后面两章均适用本规范：

　　其一，手内旋和外旋：手心翻向上为内旋，手心翻向下为外旋。参见图 6-1-1 和图 6-1-2。

图 6-1-1　手内旋

图 6-1-2　手外旋

其二，脚外摆和内扣：脚尖向外摆称外摆，脚尖向里摆称内扣。参见图 6-1-3 和图 6-1-4。

图 6-1-3　（右）脚外摆

图 6-1-4　（后）脚内扣

其三，一拃（zhǎ）：是指自己张开手掌，从张开的大拇指指端到中指指端的距离，参见图 6-1-5。

其四，一脚：是指自己的脚踵到脚趾最长端的距离，参见图 6-1-6。

其五，十字坐标：预备式自然站立时，面南背北，沿左右脚脚尖所在直线划一横轴，沿两脚内侧所在直线划一纵轴，这样便形成一个十字坐标，打拳时运行以此坐标为参照物，参见图 6-1-7。

图 6-1-5 一拃

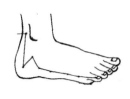

图 6-1-6 一脚

图 6-1-7 十字坐标

一、起势

（1）预备：自然站立，目视正南方，全身放松，身体中正。参见图 6-2-1。

（2）开步：两膝微屈，左脚向左开步两脚远，紧贴十字架横轴落地踏实，身体重心随之移至两腿中间。参见图 6-2-2。

（3）松胯：屈膝松胯，要做到两膝略曲，两胯松开下沉。参见图 6-2-2。

图 6-2-1 起势

图 6-2-2 起势

（3）转手：身体不动，两小臂由手领，自左向上再向右向下划圈，连续转动 5 次。参见图 6-2-3。

（4）起手：当第 5 次转到身体右侧时，引带身体向左斜上方 45°（以地面十字架为参照物，下同）转动，两臂伸直，高过头；右脚后跟抬起，但脚尖不能离地。参见图 6-2-4 和图 6-2-5。

图 6-2-3　起势　　　　　　　　　图 6-2-4　起势

（5）转正：身右转至正前方，右脚落实；两臂随身转动。参见图
6-2-6。

（6）松胯下沉：两膝屈，松胯下沉，呈马步；两臂随身平行下落，
与肩同高，目视前方。参见图 6-2-6。

图6-2-5　起势　　　　　　　　　图6-2-6　起势

二、懒扎衣

（1）转手：两手左推右拉，然后，右臂向上向后转一大圈，左手收
至胸前。参见图 6-3-1。

（2）合手上步：右手转至胸前，两手合住，左内右外；身下沉，右脚向右侧迈出，距十字架纵轴一脚远（以练拳者自己的一只脚的长度为准，下同），脚尖朝右前方。参见图6-3-2。

图 6-3-1　懒扎衣

图 6-3-2　懒扎衣

（3）掐腰出手：身右转，左掌经体前向下向左掐腰，右掌外旋随身向右前方划弧而出，同眼高，手臂放长伸直但要自然，不可僵直，肩部放松，使手臂成自然略垂的生理状态，目视右前方。参见图6-3-3。

三、搬拦捶

图 6-3-3　懒扎衣

（1）双手上转：身左转，右脚尖内扣，两掌随身向上向左划弧至身体左胯处。参见图6-4-1。

（2）双手右转：身右转，两手随身转至身右侧。参见图6-4-2。

图 6-4-1　搬拦捶

图 6-4-2　搬拦捶

（3）摆拳（转正）：两掌变拳，身左转，两拳向左侧发力，左拳心向上，高与眼齐，左臂自然伸直，右拳至两乳间，拳心向下；然后，身体向右转正，面向正南，目视前方，左眼余光注视左拳。参见图 6-4-3。

图 6-4-3　搬拦捶

四、劈架子

（1）右转拉绳子：身体右转，双拳向右膝做拉绳子状。参见图 6-5-1。

（2）左转上步提手：左脚尖外摆，身体左转，重心左移，上右步提右膝，呈左独立式；同时，两手变掌，随身左转，右臂伸直掌心向上，高于头，左掌心贴于右臂肘内侧，面向正东。参见图 6-5-2。

图 6-5-1　劈架子

图 6-5-2　劈架子

（3）跺脚上步分拳：身体右转45°，两手变拳合于胸前，左内右外；右脚下落震脚于左脚内侧，重心随之移至右腿；左脚掌擦地向左侧进步，呈左弓蹬步；右脚尖贴着横轴直线，左脚距离横轴约一脚远；右拳向下划弧至右胯侧，拳眼向左，离胯一拃远（一拃：以自己张开的大拇指到中指两端最大距离，下同）；左拳向下向左向上划弧弹发，拳心向下，高度在左腿上方，与心口齐，目视左拳面。参见图6-5-3和图6-5-4。

图 6-5-3　劈架子

图 6-5-4　劈架子

5. 白鹤亮翅

（1）摆脚尖上步合手：左脚尖外摆，身体左转45°，重心移至左腿，右脚收至左脚内侧，两手变掌合于胸前，左内右外，掌心向内。参见图6-6-1。

（2）上步：身右转45°，右脚掌划弧经左脚里侧上步于左脚右前侧一脚远，脚尖贴住横轴线落实，左脚随身经右脚内侧向左前侧迈一脚远，距离横轴线约一脚远，成左前虚步。参见图6-6-2。

（3）分手：同时右拳变掌向右前开出，高至额头，手心朝右前方，距额三拃远，左拳变掌下按至左胯前半拃远，手心朝左前下方，眼视左前方。参见图6-6-3。

图 6-6-1 白鹤亮翅　　　图 6-6-2 白鹤亮翅　　　图 6-6-3 白鹤亮翅（正面）

六、右擦脚

（1）左转合手下沉：左脚尖外摆，身左转 90°，左脚全脚掌着地，变盘步，两臂伸直，身体随盘步下沉，两臂随身下落，并划弧合于胸前，左内右外。参见图 6-7-1。

（2）踢腿拍脚：起身，左腿支撑略弯曲，右脚向前踢出，右手迎击脚面，左手向左后伸展，手指尽量伸长，定式后手高与耳平，目视前方。参见图 6-7-2 和图 6-7-3。

图 6-7-1 右擦脚　　　　　图 6-7-2 右擦脚

图 6-7-3　右擦脚　　　　　　　　　图 6-8-1　左擦脚

七、左擦脚

（1）落地右转合手：承上式，右脚落地，脚尖外摆，脚尖恰好贴于横轴线，身体右转90°，变盘步，两臂伸直，身体随盘步下沉，两臂随身下落，并划弧合于胸前，右内左外。参见图 6-8-1。

（2）踢腿拍脚：起身，右腿支撑略弯曲，左脚向前踢出，左手迎击脚面，右手向右后伸展，手指尽量伸长，定式后手高与耳平，目视前方。参见图 6-8-2 和图 6-8-3。

图 6-8-2　左擦脚　　　　　　　　　图 6-8-3　左擦脚

八、双撞

（1）落地挪手：承上式，左脚落地，距横轴线约一脚远，重心前移，身体左转 45°，双手先收至两腿外侧，随重心前移，双手上挪，掌心相对，高过头，右脚跟进半步，脚尖点地。参见图 6-9-1。

（2）落手撤步：右脚后撤半步，重心后移，双手下落，掌心朝下，双手继续向后向前划一小圈，掌心朝上，置于两胯处；左脚跟着后撤半步，脚尖点地。参见图 6-9-2。

图 6-9-1　双撞

图 6-9-2　双撞

（3）上步出手：左脚向前搓出一脚许，右脚跟进半步，两掌随身向前下方抖撞搓出，掌心朝前，目视前方。参见图 6-9-3。

图 6-9-3　双撞

图 6-10-1　肘底捶

九、肘底捶

（1）拍手后坐：承上式，重心后移至右腿，右手不动，左手掌带动小臂向里划弧，左掌拍于右肘内侧。参见图 6-10-1。

（2）转圈立肘：身体右转，左手向下向前向上划弧，手臂自然伸直，掌要立起；同时右手向上向后向里划弧，右手变拳置于左肘下方，身体再略左转，目视左手中指。参见图 6-10-2 和图 6-10-3。

图 6-10-2　肘底捶

图 6-10-3　肘底捶

十、右野马分鬃

（1）伸手并步：承上式，左脚内扣，脚尖约能贴于横轴线，身体右转 90°，重心左移，左手前伸，右拳沿前胸后拉，两手呈拉弓状，同时将右脚收至左脚内侧，脚尖点地。参见图 6-11-1。

（2）合手上步：右手变掌沿胸脯向右向下再向左划弧；同时，左手向右划弧；两手合于胸前，左上右下；随后右脚向右侧上一步，两腿呈弓步，右脚距横轴线一脚远。参见图 6-11-2。

（3）分掌：接着右手领着右臂向右上方分

图 6-11-1　右野马分鬃

出，掌心朝上，高于眼眉，左手向下向左按至左胯内侧，两大臂呈 S 状；目视右手中指。参见图 6-11-3。

图 6-11-2　右野马分鬃

图 6-11-3　右野马分鬃

十一、左野马分鬃

（1）右转合手上步：右脚脚尖外摆，身体右转 90°，左脚收至右脚内侧，同时两手合于胸前，右上左下，随即左脚向左前方迈出一步远，两腿呈弓步，左脚尖贴于横轴线。参见图 6-12-1 和图 6-12-2。

图 6-12-1　左野马分鬃

图 6-12-2　左野马分鬃

（2）分掌：接着左手领着左臂向左上方分出，掌心朝上，高于眼眉，右手向下向右按至右胯内侧，两大臂呈S状，目视左手中指。参见图6-12-3。

图 6-12-3　左野马分鬃

十二、左转身六封四闭

（1）一护脐：承上式，右手向里转至肚脐处，左手不动。参见图6-13-1和图6-13-2。

图 6-13-1　左转身六封四闭

图 6-13-2　左转身六封四闭（正面）

（2）二护脐：右手沿身体中线向上向右上方转出，高于眼眉，距眼约两拃远；同时左手向里转至肚脐处。参见图6-13-3。

图 6-13-3　左转身六封四闭

图 6-13-4　左转身六封四闭

（3）拍腿捋须上步：身体右转45°，两手同时向右斜后方捋出，两手间保持一小臂距离；随后，左脚外摆，重心移至左腿，身体左转90°，右腿随身向左上方摆出，双手拍击右脚面，然后合抱于腮，做捋须状，右脚收至左脚内侧；然后，身体右转45°，上右步二脚许，脚尖贴于横轴线，左脚随上一脚，脚前掌着地，成侧虚步，两手向前下方按出，目视右前下方。参见图6-13-4、图6-13-5、图6-13-6、图6-13-7和图6-13-8。

图 6-13-5　左转身六封四闭

图 6-13-6　左转身六封四闭

图 6-13-7　左转身六封四闭

图 6-13-8　左转身六封四闭

十三、单鞭

（1）右转：身体略右转，左手前推，右手后拉。参见图6-14-1。

（2）左转倒步：身体略左转，右手自左手上面推出，变勾手，勾尖朝上；同时，左手后拉，并围绕肚脐顺时针转一圈；随后，左脚向左后方撤一大步，落实，距横轴线一脚远。参见图6-14-2和图6-14-3。

图6-14-1　单鞭

图6-14-2　单鞭

（3）转身出手：身体左转，呈左弓步，同时，左手沿中线向上至嘴巴，再向外转出，自然伸直；右手勾尖转向下，目视左手中指。参见图6-14-4。

图6-14-3　单鞭

图6-14-4　单鞭

十四、云手

（1）转手并步：眼不变，两手同时向左向上再向右划圈，右手收至肚脐，左手至左上方，距眼眉两拃半，高于眼眉处；手动的同时，收右脚至左脚内侧，脚尖点地。参见图6-15-1、图6-15-2和图6-15-3。

图 6-15-1　云手

图 6-15-2　云手

（2）出手上步（3遍）：右脚落实，身体右转，右手沿中线向上向右上方划弧，距眼眉两拃半，高于眼眉，左手向里划弧至肚脐，左脚向左侧迈一小步，脚尖着地，此为一动；然后再重复转手并步和出手上步动作两遍。参见图6-15-4、图6-15-5和图6-15-6。

（3）斜出左步：承上式，当第三个云手右转身，开左步时，左脚向左后方斜出。

图 6-15-3　云手

图 6-15-4　云手

图 6-15-5　云手

图 6-15-6　云手

十五、摆莲

（1）左转屈膝：身左转，重心移至左腿，屈膝下沉。参见图 6-16-1。

（2）右转摆击：身变左转，再变右转，右脚随身转向前右方摆出，左右手依次拍击脚面。参见图 6-16-2。

图 6-16-1　摆莲

图 6-16-2　摆莲

十六、雀地龙

（1）落步转身合拳：承上式，右脚落于左脚内侧，落实，脚尖贴于横轴线，双手变拳合于胸前，左内右外。参见图 6-17-1。

（2）出步分拳：左脚向左前铲出，呈仆步，距横轴线约一脚远；同时，两拳分开，右拳转至头右后方，高于头，距头三拃远，左拳沿左腿内侧向前穿出，拳心朝上，目视左前方。参见图6-17-2。

图 6-17-1　雀地龙　　　　　　　　图 6-17-2　雀地龙

十七、左金鸡独立

穿手提膝：身略左转，重心向前移至左腿，右腿提膝成左独立步，两拳变掌，右掌沿胸中线上行，高过头顶，掌心朝上；同时，左掌向下按至左胯处，距胯一拃远，掌心朝下，目视左前方。参见图6-18-1和图6-18-2。

图 6-18-1　左金鸡独立　　　　　　图 6-18-2　左金鸡独立（正面）

十八、右金鸡独立

（1）跺脚按手：承上式，右脚下落震脚于左脚内侧，同时，右手随之下按至右胯前。参见图6-19-1。

（2）横步转手穿掌：右脚向右侧迈出一脚远，恰好贴于横轴线，同时，两手向右向上再向左划弧，提起左膝，呈右独立式，左手沿中线上行，高过头顶，掌心朝上；右掌向下按至右胯处，距胯一拃远，掌心朝下，目视右前方。参见图6-19-2。

图6-19-1　右金鸡独立　　　　　　　图6-19-2　右金鸡独立

十九、倒卷肱（右式、左式）

（1）跺脚翻手：承上式，左脚下落震于右脚内侧，左手前落翻手，掌心向上，右手向后向上划弧至右耳旁，掌心向下。参见图6-20-1。

（2）倒步拍手：左脚向后撤一步远，两脚呈马步，两脚脚跟贴于横轴线；同时左手随身后撤，右手前伸并拍击左手掌心，左掌内旋后拉，右掌以掌外沿前击，两手臂置于两腿上方，高不过肚脐，距身两拃远，目视右前方。参见图6-20-2和图6-20-3。

图 6-20-1　倒卷肱——右式　图 6-20-2　倒卷肱——右式　图 6-20-3　倒卷肱——右式

（3）左式——翻手倒步拍手：身体右转，右脚向后撤一步远，呈马步，两脚脚尖贴于横轴线；同时，右手变为掌心向上，左手向后向上划弧至左耳旁，掌心向下，并随身前伸拍击右手掌心，两手臂置于两腿上方，高不过肚脐，目视左前方。参见图 6-20-4、图 6-20-5 和图 6-20-6。

图 6-20-4　倒卷肱——左式　图 6-20-5　倒卷肱——左式　图 6-20-6　倒卷肱——左式

二十、掩手拳

（1）提膝掤手：重心左移，提右膝，双手随身上掤，高过头顶。参见图 6-21-1。

（2）落脚上步合手：右脚下落震于左脚内侧，左脚随后向左侧迈出一步，脚尖贴于横轴线，重心偏于右腿；同时，两手下落划弧，左手右划至胸前。参见图 6-21-2。

图 6-21-1　掩手拳

图 6-21-2　掩手拳

（3）分手出拳：身左转，重心左移，右手向下向后划一圈至右耳侧，左手变八字手回收至左胯内侧，同时右手变拳经左手上方向左前方击出，目视左前方。参见图 6-21-3 和图 6-21-4。

图 6-21-3　掩手拳

图 6-21-4　掩手拳（正面）

二十一、回身肘

右转打肘：身右转，以脚跟为轴，两脚尖摆向右侧前方，右肘打向右膝外侧，同时左手变拳向左向前向上摆至额前，距额一拃远，目视右下方。参见图 6-22-1 和图 6-22-2。

图 6-22-1　回身肘　　　　　　　　图 6-22-2　回身肘

22. 顺拦肘 (2 个)

（1）上步抱肘：两手变掌，身左转，引领两臂随身转动，左手转至左胯处，右手略高于头；右脚收至左脚内侧，左手抱住右肘，合于胸前。参见图 6-23-1。

（2）跨步打肘：身再右转，右脚向右跨一步，左脚跟进一脚远，呈马步，两脚尖贴于横轴线；同时右肘向右随身打出，目视右前方。参见图 6-23-2 和图 6-23-3。

连续做两个顺拦肘，动作一样。

图 6-23-1　顺拦肘　　　　图 6-23-2　顺拦肘　　　　图 6-23-3　顺拦肘

二十三、穿心肘（2个）

（1）并步转肩：承上式，身左转，右脚收至左脚内侧震脚，同时，左手握右手腕，随身转动，右肘尖向后向上向里划一小半圆弧。参见图6-24-1。

（2）跨步打肘：身再右转，右脚向右跨一步，呈马步，两脚尖贴于横轴线。同时右肘向右随身打出，目视右前方。参见图6-24-2和图6-24-3。

连续做两个穿心肘，动作一样。

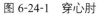

图6-24-1　穿心肘　　　图6-24-2　穿心肘　　　图6-24-3　穿心肘

二十四、井拦直入

（1）左转穿手：身左转，重心略偏于左腿，右手掌沿胸中线上升穿掌，高于头。参见图6-25-1。

（2）右转按手：右脚外摆，身体右转90°，左脚向右前方迈一步远，距横轴线约一脚远，两腿呈左弓步，同时，右手向外旋转，左掌随身向前按出，目视左掌。参见图6-25-2和图6-25-3。

图 6-25-1　井拦直入　　　图 6-25-2　井拦直入　　　图 6-25-3　井拦直入

二十五、风扫梅花

（1）扣脚：承上式，左脚内扣，重心偏右腿。参见图 6-26-1。

（2）转圈：重心移至左腿，以左脚跟为轴，双手带动身体向右旋转约 360°，右脚掌擦地扫至左脚右后侧；左脚尖贴于横轴线，右手置于身右后侧，左手置于胸前距一拃远。参见图 6-26-2 和图 6-26-3。

图 6-26-1　风扫梅花　　　图 6-26-2　风扫梅花　　　图 6-26-3　风扫梅花

二十六、金刚捣碓

（1）起手提膝：身左转，右手向后向下再向里划弧至胸前，左手小臂向里划弧至胸前右肘处，同时，随右手起手之时，提起右膝，呈左独立式。参见图6-27-1和图6-27-2。

（2）落步砸拳：身下沉，右脚向右侧震脚，距左脚一脚半远，内侧贴于纵轴线，呈马步；同时，右拳随身下沉，下砸于左掌心，震脚与落拳同时发出声响，目视前方。参见图6-27-3。

图6-27-1 金刚捣碓　　　图6-27-2 金刚捣碓　　　图6-27-3 金刚捣碓

二十七、收式

（1）并步推手：承上式，收左脚于右脚内侧，贴于纵轴线，同时双手向前平行推出至自然伸直，与肩同高。参见图6-28-1。

（2）下落升手（2遍）：两手下落至身体两侧，随后，两手经体侧上升至头顶百会穴上方，再经体前中线缓缓下落，至预备式自然站立状态，两眼平视前方。连续做两次，方可收功。参见图6-28-2、图6-28-3、图6-28-4和图6-28-5。

图 6-28-1　收式

图 6-28-2　收式

图 6-28-3　收式

图 6-28-4　收式

图 6-28-5　收式

第七章
王成27式太极拳套路——反架

本套路设计为正架完后，接反架，反架完后接发力架练习。反架与正架动作相同，唯方向相反，发力架与正架完全相同，唯发力干脆、速度快。

如接反架，平行站立后，开右步，接两手向左转，身体左转，直接进入反架练习。反架结束后，如接发力架，待平行站立后，开步、转手动作要求同正架。亦可在正架结束后，直接进入发力架的练习。

反架图示：

一、起势

（1）开步：自然站立，目视正南。两膝微曲，右脚向右开步，距离十字架纵轴约一步远（以自己平时走路时迈一步距离为准，下同），紧贴十字架横轴落地踏实，身体重心随之移至两腿中间。参见图7-1-1和图7-1-2。

（2）松胯：屈膝松胯，要做到两膝略屈，两胯松开下沉。参见图7-1-2。

（3）转手：身体不动，两小臂由手领，自右向上再向左向下划圈，连续转动5次。参见图7-1-3。

（4）起手：当第5次转到身体左侧时，引带身体向右斜上方45°（以地面十字架为参照物，下同）转动，两臂伸直，高过头。左脚后跟抬起，但脚尖不能离地。参见图 7-1-4 和图 7-1-5。

（5）转正：身左转至正前方，左脚落实；两臂随身转动。参见图 7-1-6。

（6）松胯下沉：两膝屈，松胯下沉，呈马步；两臂随身平行下落，与肩同高，目视前方。参见图 7-1-6。

图 7-1-1　起势

图 7-1-2　起势

图 7-1-3　起势

图 7-1-4　起势

图 7-1-5　起势　　　　　　　　　图 7-1-6　起势

二、懒扎衣

（1）转手：两手右推左拉，然后，右手收至胸前，左臂向上向后转一大圈。参见图 7-2-1。

（2）合手上步：左手转至胸前，两手合住，右内左外；身下沉，左脚向左侧迈出一脚远，距十字架纵轴一脚远（以练拳者自己的一只脚从脚踵到脚尖的长度为准，下同），脚尖朝左前方。参见图 7-2-2。

（3）掐腰出手：身左转，右掌经体前向下向右掐腰，左掌外旋随身向左前方划弧而出，同眼高，手臂放长伸直但要自然，不可僵直，肩部放松，使手臂成自然略垂的生理状态，目视左前方。参见图 7-2-3。

图 7-2-1　懒扎衣　　　　图 7-2-2　懒扎衣　　　　图 7-2-3　懒扎衣

三、搬拦捶

（1）双手上转：身右转，左脚尖内扣，两掌随身向上向右划弧至身体右胯处。参见图 7-3-1。

（2）双手左转：身左转，两手随身转至身左侧。参见图 7-3-2。

（3）摆拳（转正）：两掌变拳，身右转，两拳向右侧发力，右拳心向上，高与眼齐，右臂自然伸直，左拳至两乳间，拳心向下；然后，身体向左转正，面向正南，目视前方，右眼余光注视右拳。参见图 7-3-3。

图7-3-1　搬拦捶　　　　图7-3-2　搬拦捶　　　　图7-3-3　搬拦捶

四、劈架子

（1）左转拉绳子：身体左转，双拳向左膝做拉绳子状。参见图 7-4-1。

（2）右转上步提手：右脚尖外摆，身体右转，重心右移，上左步提左膝，呈右独立式；同时，两手变掌，随身右转，左臂伸直掌心向上，高于头，右掌心贴于左臂肘内侧；面向正西。参见图 7-4-2。

（3）跺脚上步分拳：身体左转 45°，两手变拳合于胸前，左外右内；左脚下落震脚于右脚内侧，重心随之移至左腿；右脚掌擦地向右侧进步，呈右弓蹬步；左脚尖贴着横轴直线，右脚距离横轴约一脚远；左拳向下划弧至左胯侧，拳眼向右，离胯一拃远；右拳向下向右向上划弧弹发，拳心向下，高度在右腿上方，与心口齐；目视右拳面。参见图 7-4-3 和图 7-4-4。

图 7-4-1 劈架子

图 7-4-2 劈架子

图 7-4-3 劈架子

图 7-4-4 劈架子

五、白鹤亮翅

（1）摆脚尖上步合手：右脚尖外摆，身体右转 45°，重心移至右腿，左脚收至右脚内侧，两手合于胸前，左外右内，掌心向内。参见图 7-5-1。

（2）上步分手：身左转 45°，左脚掌划弧经右脚里侧上步于右脚左前侧一脚远，脚尖贴住横轴线落实，右脚随身经左脚内侧向右前侧迈一脚远，距离横轴线约一脚远，成右前虚步；同时左拳变掌向左前开出，高至额头，手心朝左前方，距额三拃远，右拳变掌下按至右胯前半拃远，手心朝右前下方；眼视右前方。参见图 7-5-2 和图 7-5-3。

图 7-5-1　白鹤亮翅　　　　图 7-5-2　白鹤亮翅　　　　图 7-5-3　白鹤亮翅（正面）

六、左擦脚

（1）右转合手下沉：右脚尖外摆，身右转 90°，右脚全脚掌着地，变盘步，两臂伸直，身体随盘步下沉，两臂随身下落，并划弧合于胸前，左外右内。参见图 7-6-1。

（2）踢腿拍脚：起身，右腿支撑略弯曲，左脚向前踢出，左手迎击脚面，右手向右后伸展，手指尽量伸长，定式后手高与耳平，目视前方。参见图 7-6-2 和图 7-6-3。

图 7-6-1　左擦脚　　　　　图 7-6-2　左擦脚　　　　　图 7-6-3　左擦脚

七、右擦脚

（1）落地左转合手：承上式，左脚落地，左脚尖外摆，贴于横轴线，身体左转90°，变盘步，两臂伸直，身体随盘步下沉，两臂随身下落，并划弧合于胸前，左内右外。参见图7-7-1。

（2）踢腿拍脚：起身，左腿支撑略弯曲，右脚向前踢出，右手迎击脚面，左手向左后伸展，手指尽量伸长，定式后手高与耳平，目视前方。参见图7-7-2和图7-7-3。

图 7-7-1　右擦脚　　　　图 7-7-2　右擦脚　　　　图 7-7-3　右擦脚

八、双撞

（1）落地掤手：承上式，右脚落地，距横轴线约一脚远，重心前移，身体右转45°，双手先收至两腿外侧，随重心前移，双手上掤，掌心相对，高过头，左脚跟进半步，脚尖点地。参见图7-8-1。

（2）落手撤步：左脚后撤半步，重心后移，双手下落，掌心朝下，双手继续向后向前划一小圈，掌心朝上，置于两胯处；右脚跟着后撤半步，脚尖点地。参见图7-8-2。

（3）上步出手：右脚向前搓出一脚许，左脚跟进半步，两掌随身向前下方抖撞搓出，掌心朝前，目视前方。参见图7-8-3。

图 7-8-1　双撞　　　　图 7-8-2　双撞　　　　图 7-8-3　双撞

九、肘底捶

（1）拍手后坐：承上式，重心后移至左腿，左手不动，右手掌带动小臂向里划弧，右掌拍于左肘内侧。参见图 7-9-1。

（2）转圈立肘：身体左转，右手向下向前向上划弧，手臂自然伸直，掌要立起；同时左手向上向后向里划弧，左手变拳置于右肘下方，身体再略右转；目视右手中指。参见图 7-9-2 和图 7-9-3。

图 7-9-1　肘底捶　　　　图 7-9-2　肘底捶　　　　图 7-9-3　肘底捶

十、左野马分鬃

（1）伸手并步：承上式，右脚内扣，脚尖约能贴于横轴线，身体左转90°，重心右移，右手前伸，左拳沿前胸后拉，两手呈拉弓状，同时将左脚收至右脚内侧，脚尖点地。参见图7-10-1。

（2）合手上步：左手变掌沿胸脯向左向下再向右划弧，同时，右手向左划弧，两手合于胸前，右上左下；随后左脚向左侧上一步，两腿呈弓步，左脚距横轴线一脚远。参见图7-10-2。

（3）分掌：接着左手领着左臂向左上方分出，掌心朝上，高于眼眉，右手向下向右按至右胯内侧，两大臂呈S状，目视左手中指。参见图7-10-3。

图 7-10-1　左野马分鬃　　图 7-10-2　左野马分鬃　　图 7-10-3　左野马分鬃

十一、右野马分鬃

（1）左转合手上步：左脚脚尖外摆，身体左转90°，右脚收至左脚内侧，同时两手合于胸前，左上右下，随即右脚向右前方迈出一步远，两腿呈弓步，右脚尖贴于横轴线。参见图7-11-1和图7-11-2。

（2）分掌：接着右手领着右臂向右上方分出，掌心朝上，高于眼眉，左手向下向左按至左胯内侧，两大臂呈S状，目视右手中指。参见图7-11-3。

图 7-11-1　右野马分鬃　　图 7-11-2　右野马分鬃　　图 7-11-3　右野马分鬃

十二、右转身六封四闭

（1）一护脐：承上式，左手向里转至肚脐处，右手不动。参见图 7-12-1 和图 7-12-2。

（2）二护脐：左手沿身体中线向上向左上方转出，高于眼眉，距眼约两拃远；同时右手向里转至肚脐处。参见图 7-12-3。

（3）拍腿捋须上步：身体左转 45°，两手同时向左斜后方捋出，两手间保持一小臂距离，随后，右脚外摆，重心移至右腿，身体右转 90°，左腿随身向右上方摆出，双手拍击左脚面，然后，合抱于腮，做捋须状，左脚收至右脚内侧；然后，身体左转 45°，上左步二脚许，脚尖贴于横轴线，右脚随上一脚，脚前掌着地，成侧虚步，两手向前下方按出，目视左前下方。参见图 7-12-4、图 7-12-5、图 7-12-6、图 7-12-7 和图 7-12-8。

图 7-12-1　右转身六封四闭　　图 7-12-2　右转身六封四闭（正面）

图 7-12-3　右转身六封四闭

图 7-12-4　右转身六封四闭

图 7-12-5　右转身六封四闭

图 7-12-6　右转身六封四闭

图 7-12-7　右转身六封四闭

图 7-12-8　右转身六封四闭

十三、单鞭

（1）左转：身体略左转，右手前推，左手后拉。参见图7-13-1。

（2）右转倒步：身体略右转，左手自右手上面推出，变勾手，勾尖朝上。同时，右手后拉，并围绕肚脐顺时针转一圈；随后，右脚向右后方撤一大步，落实，距横轴线一脚远。参见图7-13-2和图7-13-3。

（3）转身出手：身体右转，呈右弓步，同时，右手沿中线向上至嘴巴，再向外转出，自然伸直；左手勾尖转向下，目视右手中指。参见图7-13-4。

图 7-13-1　单鞭

图 7-13-2　单鞭

图 7-13-3　单鞭

图 7-13-4　单鞭

十四、云手

（1）转手并步：眼不变，两手同时向右向上再向左划圈，左手收至肚脐，右手至右上方，距眼眉两拃半，高于眼眉处；手动的同时，收左脚至右脚内侧，脚尖点地。参见图7-14-1、图7-14-2和图7-14-3。

（2）出手上步（3遍）：左脚落实，身体左转，左手沿中线向上向左上方划弧，距眼眉两拃半，高于眼眉，右手向里划弧至肚脐，右脚向右侧迈一小步，脚尖着地，此为一动；然后再重复转手并步和出手上步动作两遍。参见图7-14-4、图7-14-5和图7-14-6。

（3）斜出右步：承上式，当第三个云手左转身，开右步时，右脚向右后方斜出。

图 7-14-1　云手

图 7-14-2　云手

图 7-14-3　云手

图 7-14-4　云手

图 7-14-5　云手   图 7-14-6　云手

十五、摆莲

（1）右转屈膝：身右转，重心移至右腿，屈膝下沉。参见图 7-15-1。

（2）左转摆击：身变右转，再变左转，左脚随身转向前左方摆出，右左手依次拍击脚面。参见图 7-15-2。

图 7-15-1　摆莲   图 7-15-2　摆莲

十六、雀地龙

（1）落步转身合拳：承上式，左脚落于右脚内侧，落实，脚尖贴于横轴线，双手变拳合于胸前，左外右内。参见图7-16-1。

（2）出步分拳：右脚向右前铲出，呈仆步，距横轴线约一脚远。同时，两拳分开，左拳转至头左后方，高于头，距头三拃远，右拳沿右腿内侧向前穿出，拳心朝上，目视右前方。参见图7-16-2。

图 7-16-1　雀地龙

图 7-16-2　雀地龙

十七、右金鸡独立

穿手提膝：身略右转，重心向前移至右腿，左腿提膝成右独立步，两拳变掌，左掌沿胸中线上行，高过头顶，掌心朝上；同时，右掌向下按至右胯处，距胯一拃远，掌心朝下，目视右前方。参见图7-17-1和图7-17-2。

图 7-17-1　右金鸡独立

图 7-17-2　右金鸡独立

十八、左金鸡独立

（1）跺脚按手：承上式，左脚下落震脚于右脚内侧，同时，左手随之下按至左胯前。参见图 7-18-1。

（2）横步转手穿掌：左脚向左侧迈出一脚远，恰好贴于横轴线，同时，两手向左向上再向右划弧，提起右膝，呈左独立式，右手沿中线上行，高过头顶，掌心朝上。左掌向下按至左胯处，距胯一拃远，掌心朝下，目视左前方。参见图 7-18-2。

图 7-18-1　左金鸡独立

图 7-18-2　左金鸡独立

133

十九、倒卷肱（左式、右式）

（1）跺脚翻手：承上式，右脚下落震于左脚内侧，右手前落翻手，掌心向上，左手向后向上划弧至左耳旁，掌心向下。参见图7-19-1。

（2）倒步拍手：右脚向后撤一步远，两脚呈马步，两脚脚跟贴于横轴线；同时右手随身后撤，左手前伸并拍击右手掌心，右掌内旋后拉，左掌以掌外沿前击两手臂置于两腿上方，高不过肚脐，距身两拃远，目视左前方。参见图7-19-2和图7-19-3。

（3）右式——翻手倒步拍手：身体左转，左脚向后撤一步远，呈马步，两脚脚尖贴于横轴线；同时，左手变为掌心向上，右手向后向上划弧至右耳旁，掌心向下，并随身前伸拍击左手掌心，随即左掌心向下两掌捯开，两手臂置于两腿上方，高不过肚脐，目视右前方。参见图7-19-4、图7-19-5和图7-19-6。

图 7-19-1　倒卷肱——左式

图 7-19-2　左倒卷肱——左式

图 7-19-3　倒卷肱——左式

图 7-19-4　倒卷肱——右式

图 7-19-5　倒卷肱——右式

图 7-19-6　倒卷肱——右式

二十、掩手拳

（1）提膝掤手：重心右移，提左膝，双手随身上掤，高过头顶。参见图 7-20-1。

（2）落脚上步合手：左脚下落震于右脚内侧，右脚随后向右侧迈出一步，脚尖贴于横轴线，重心偏于左腿；同时，两手下落划弧，右手划至胸前。参见图 7-20-2。

图 7-20-1　掩手拳

图 7-20-2　掩手拳

（3）分手出拳：身右转，重心右移，左手向下向后划一圈至左耳畔，右手变八字手回收至右胯内侧，左手变拳经右手上方向右前方击出，目视右前方。参见图 7-20-3 和图 7-20-4。

图 7-20-3　掩手拳

图 7-20-4　掩手拳（正面）

二十一、回身肘

左转打肘：身左转，以脚跟为轴，两脚尖摆向左侧前方，左肘打向左膝外侧，同时右手变拳向右向前向上摆至额前，距额一拃远，目视左下方。参见图 7-21-1 和图 7-21-2。

图 7-21-1　回身肘

图 7-21-2　回身肘

二十二、顺拦肘（2 个）

（1）上步抱肘：两手变掌，身右转，引领两臂随身转动，右手转至右胯处，左手略高于头。左脚收至右脚内侧，右手抱住左肘，合于胸前。参见图7-22-1。

（2）跨步打肘：身再左转，左脚向左跨一步，右脚跟进一脚远，呈马步，两脚尖贴于横轴线。同时左肘向左随身打出，目视左前方。参见图7-22-2和图7-22-3。

连续做两个顺拦肘，动作一样。

图7-22-1　顺拦肘　　　　图7-22-2　顺拦肘　　　　图7-22-3　顺拦肘

二十三、穿心肘（2个）

（1）并步转肩：承上式，身右转，左脚收至右脚内侧震脚，同时，右手握左手腕，随身转动，左肘尖向后向上向里划一小半圆弧。参见图7-23-1。

（2）跨步打肘：身再左转，左脚向左跨一步，呈马步，两脚尖贴于横轴线。同时左肘向左随身打出，目视左前方。参见图7-23-2和图7-23-3。

连续做两个穿心肘，动作一样。

图 7-23-1　穿心肘　　　　图 7-23-2　穿心肘　　　　图 7-23-3　穿心肘

二十四、井拦直入

（1）右转穿手：身右转，重心略偏于右腿，左手掌沿胸中线上升穿掌，高于头。参见图 7-24-1。

（2）左转按手：左脚外摆，身体左转 90°，右脚向左前方迈一步远，两腿呈右弓步，距横轴线约一脚远；同时，左手向外旋转，右掌随身向前按出，目视右掌。参见图 7-24-2 和图 7-24-3。

图 7-24-1　井拦直入　　　图 7-24-2　井拦直入　　　图 7-24-3　井拦直入

二十五、风扫梅花

（1）扣脚：承上式，右脚内扣，重心偏左腿。参见图 7-25-1。

（2）转圈：重心移至右腿，以右脚跟为轴，双手带动身体向左旋转约 360°，左脚掌擦地扫至右脚左后侧。右脚尖贴于横轴线；左手置于身左后侧，右手置于胸前距一拃远。参见图 7-25-2 和图 7-25-3。

图 7-25-1　风扫梅花　　　图 7-25-2　风扫梅花　　　图 7-25-3　风扫梅花

二十六、金刚捣碓

（1）起手提膝：身右转，左手向后向下再向里划弧至胸前，右手小臂向里划弧至胸前左肘处；同时，随左手起手之时，提起左膝，呈右独立式。参见图 7-26-1 和图 7-26-2。

（2）落步砸拳：身下沉，左脚向左侧震脚，距右脚一脚半远，内侧贴于纵轴线，呈马步；同时，左拳随身下沉，下砸于右掌心，震脚与落拳同时发出声响，目视前方。参见图 7-26-3。

图 7-26-1　金刚捣碓　　　图 7-26-2　金刚捣碓　　　图 7-26-3　金刚捣碓

二十七、收式

（1）并步推手：承上式，收右脚于左脚内侧，贴于纵轴线，同时双手向前平行推出至自然伸直，与肩同高。参见图 7-27-1。

（2）下落升手（2 遍）：两手下落至身体两侧，随后，两手经体侧上升至头顶百会穴上方，再经体前中线缓缓下落，至预备式自然站立状态，两眼平视前方。连续做两次，方可收功。参见图 7-27-2、图 7-27-3、图 7-27-4 和图 7-27-5。

图 7-27-1　收式　　　　图 7-27-2　收式　　　　图 7-27-3　收式

图 7-27-4 收式

图 7-27-5 收式

第八章
王成 27 式太极拳对练套路

正反架单练套路习练精熟后，即可进入对练套路练习。王成 27 式太极拳对练套路是笔者的独创，其特色在于，不仅和前面的正反架正好对应，形成一个完整的套路训练体系；而且在对练套路中，还融汇了推手、接手、攻防技巧的训练，大大缩短了太极拳出功夫的周期，自对外传播以来，深受太极拳爱好者的喜爱。

本套路练习中两人分进攻手和走拳式，如果开始甲为进攻手，那么乙就为走拳式，第二遍时，甲就变为走拳式，乙则为进攻手。如此为一整套对练。

第一节　对练（一）

首先，甲为进攻手，乙为走拳式。穿深色衣服者为甲，浅色衣服者为乙。

一、起势

（1）两人相背站立，相距一臂远。参见图 8-1-1。

图 8-1-1

（2）两人同时做预备式。参见图 8-1-2 和图 8-1-3。

图 8-1-2　　　　　　　　　　　　图 8-1-3

二、懒扎衣

两人同做懒扎衣，两右臂相触。参见图 8-2-1、图 8-2-2 和图 8-2-3。

图 8-2-1

图 8-2-2

图 8-2-3

三、搬拦捶

（1）甲身右转，右手采住乙右腕，略向右后下方带，同时左掌插向乙喉部，掌心向上。参见图 8-3-1。

（2）乙身略下沉，左手在右手大臂处迎住甲的左掌，掌心向下，接着向左后方带出。同时，乙的右手经甲腹部绕至对方左大臂外侧，向自己乳房收肘，呈捋挒式。参见图 8-3-2。

（3）甲顺势进左步至乙身前，接着右脚再向前迈一步，同时右手采住乙的右腕，左手绕至乙右大臂外侧，反捋乙右臂。参见图 8-3-3。

图 8-3-1

图 8-3-2

图 8-3-3

（4）乙顺势立右掌反采甲右腕，左手绕至甲右肘处，反捋甲右臂。参见图 8-3-4 和图 8-3-5。

（5）甲顺势先进右步至乙左腿后面，再向后撤左步，松肩沉肘，立掌，反捋乙左臂，乙借势做搬拦捶。参见图 8-3-6。

图 8-3-4   图 8-3-5   图 8-3-6

四、劈架子

（1）甲沉肘松肩，向左捋乙左臂。参见图 8-4-1。

（2）乙松肩沉肘，反捋甲右臂。甲沉肘松肩，向左捋乙左臂，乙顺势左转，左手立腕，右脚上至左脚侧，提膝顶裆。参见图 8-4-2 和图 8-4-3。

图 8-4-1   图 8-4-2   图 8-4-3

（3）甲为化解对方的顶膝，右脚向后退一步，左脚随之退一大步，略大于第一步，两脚距离略宽于两肩。接着，乙震脚踏实；同时右手由左臂下拿住甲的右手腕，身右转 45°，左小臂顺势上左腿之际，向里、向下、向上，弹击对方裆部。甲左手采住乙的左腕；同时右手绕至乙的左肘关节处，呈捋捌式，乙定式劈架子。参见图 8-4-4。

图 8-4-4

五、白鹤亮翅

（1）乙右手迎住甲的右手，身体左转上右脚一步远。参见图 8-5-1。

（2）甲右脚后撤半步，左脚跟着撤一步远，欲向右后方捋乙右臂。
参见图 8-5-2。

（3）乙顺势上左脚，做白鹤亮翅，左手按对方小腹。参见图 8-5-2。

图 8-5-1　　　　　　　　　　图 8-5-2

六、右擦脚

（1）甲左脚外摆，身左转，左手接住乙左掌向左引带，高于胸，右
手绕至乙左肘外侧，捋捌乙左臂。参见图 8-6-1。

（2）乙借势身左转，做右擦脚，右脚踢向对方下颌。参见图 8-6-2
和图 8-6-3。

图 8-6-1　　　　　　图 8-6-2　　　　　　图 8-6-3

（3）甲右脚后撤一步，提左膝护裆，同时左手拍击乙的右脚面，随后，左脚上半步，左手反掌击打乙的面部。参见图 8-6-3 和图 8-6-4。

七、左擦脚

（1）乙右脚落地，两手合住，两臂外旋接住甲的反掌。参见图 8-6-4。

（2）甲身体右转，做左擦脚，左脚踢向对方下颌。参见图 8-7。

图 8-6-4　　　　　　　　　　　　图 8-7

八、双撞

（1）甲左脚后撤一步，提右膝护裆，同时右手拍击乙的左脚面，随后，左脚上半步至对方左脚内侧，双掌推向乙胸部。参见图 8-8-1。

（2）乙含胸拔背，双臂向上略掤开甲的双臂，就势做双撞，撞向对方胸下部。参见图 8-8-2。

图 8-8-1

图 8-8-2

九、肘底捶

（1）甲身略左转，双手随身自下面转至对方右小臂下，右手转开乙的双臂，左手按在乙的右肘处，将捋乙的右臂。参见图 8-9-1。

（2）乙借势反捋甲的左臂，两人做打轮转圈。乙得势用右臂挤甲的腹部。参见图 8-9-2 和图 8-9-3。

图 8-9-1

图 8-9-2

图 8-9-3

图 8-9-4

（3）甲双手下按乙的双臂，乙身下沉，左转，左手松肩沉肘立掌，右手转至左肘下方拿住对方的右手腕，左肘内收，左手外开，呈肘底捶式。参见图 8-9-4。

十、右野马分鬃

（1）甲为化解擒拿，身下沉，右脚上前一步，左脚再上步，左手挡住乙右手。参见图 8-10-1。

（2）乙顺势用左手下采甲右腕，甲随势走化，乙趁机右手插入甲左腋下，做右野马分鬃式。参见图 8-10-2 和图 8-10-3。

图8-10-1

图8-10-2

（3）甲身下沉，右手略外旋，左手按于乙的右肘。参见图 8-10-4。

图8-10-3

图8-10-4

十一、左野马分鬃

（1）甲身左转，右手向右划圈同左手一起按住乙的右小臂。参见图 8-11-1、图 8-11-2 和图 8-11-3。

图 8-11-1   图 8-11-2   图 8-11-3

（2）乙身左转，再右转，右臂沉肘立掌，上左步，左手插至甲的右腋下，向左前方发出，呈左野马分鬃式。参见图 8-11-4、图 8-11-5、图 8-11-6 和图 8-11-7。

图 8-11-4   图 8-11-5

图 8-11-6   图 8-11-7

十二、左转身六封四闭

（1）甲右手向里划弧至腹部，化开来势，左掌向乙面部击出。参见图 8-12-1。

（2）乙随势左转，右手迎住甲的左掌（同图 8-12-1）。

（3）甲左手后撤，右手趁势反掌击打乙的面部。参见图 8-12-2。

（4）乙用右手迎住甲的右腕，左手抓住其右肘关节，两手同时向右后方捌出，同时，乙身体左转，起右腿摆击甲的腰部。参见图 8-12-3。

图 8-12-1　　　　　　图 8-12-2　　　　　　图 8-12-3

（5）甲趁势撤右步，提左膝，用左手拍击对方右脚面以化解来势。随后，左脚向前落步，双臂合抱挤向乙的胸部。参见图 8-12-4。

（6）乙落右脚，双手按住甲的双臂搓击呈六封四闭式。参见图 8-12-5。

图 8-12-4　　　　　　　　　　图 8-12-5

十三、单鞭

（1）甲身下沉右转，右手拿乙的右腕划一圈交于左手，同时上右步，出右掌击向乙胸。参见图 8-13-1。

（2）乙随势右转，右手化开甲的拿腕，左手划圈拨开甲的右掌，呈单鞭式。参见图 8-13-2。

图 8-13-1

图 8-13-2

十四、云手

甲乙两人双手相互粘住，同做云手，连续三个。参见图 8-14-1、图 8-14-2、图 8-14-3、图 8-14-4、图 8-14-5 和图 8-14-6。

图 8-14-1

图 8-14-2

图 8-14-3

图 8-14-4

图 8-14-5

图 8-14-6

十五、摆莲

（1）当第三个云手时，乙右手拿住甲右腕，左手抓住甲右肘，向右后方引带，同时起右腿摆击甲的腰部。参见图 8-15-1 和图 8-15-2。

（2）甲撤右步，提左膝，用左掌拍击乙的右脚面，化开来势。参见图 8-15-3。

图 8-15-1   图 8-15-2   图 8-15-3

十六、雀地龙

（1）承上式，甲进左步，出左掌反击乙的面部，接着上右步抢右拳，砸击乙头部。

（2）乙双手合住呈十字，向上接住甲的来拳，下塌呈左仆步，右手于头顶迎住甲的右拳，左手变拳击打对方裆部，呈雀地龙式。参见图8-16。

图 8-16

十七、左金鸡独立

（1）乙身左转起身，同时右手拿住甲的右腕向外转一圈，交于左手，提右膝击打甲的裆部，用右拳搓击甲的面部，呈左独立式。参见图 8-17-1 和图 8-17-2。

（2）甲身体略后移，提右膝护裆，左手迎住乙的右腕。参见图 8-17-3。

图 8-17-1 图 8-17-2 图 8-17-3

十八、右金鸡独立

（1）乙拿住甲左腕向右转一圈，同时，提左膝，出左掌搓击甲面部。参见图 8-18-1。

（2）甲身左转，提左膝护裆，右手迎住乙的左腕。参见图 8-18-2。

图 8-18-1 图 8-18-2

十九、倒卷肱

1. 左式

（1）乙左腿向后撤一步，同时，将甲的左手交于左手，随身向左后方带出，右手则击打甲的肋部，呈左倒卷肱式。参见图 8-19-1。

（2）甲上左步，右手迎住乙的右手，然后外旋拿住乙的右腕。参见图 8-19-2。

图8-19-1　　　　　　　　　　图8-19-2

2. 右式

（1）乙撤右步，右手反采甲右手向右后方牵带，左手击打甲的肋部，呈右倒卷肱式。参见图 8-19-3。

（2）甲随势上右腿，身下沉，左手迎乙的左手，向左后方牵带。参见图 8-19-4。

图 8-19-3　　　　　　　　　　图 8-19-4

二十、掩手拳

（1）乙用右手拿住甲的右腕交于左手，左手向左前方转出；同时，提右膝，向前落步，左腿随即上步，出右拳击打甲的腹部。参见图 8-20-1 和图 8-20-2。

（2）甲退右步，左手向右、向下划弧转化乙的冲拳。参见图 8-20-3。

图 8-20-1　　　　　　图 8-20-2　　　　　　图 8-20-3

二十一、回身肘

（1）承上式，甲上右步，同时右手与左手一起将乙右腕拿住；然后，甲上左步，再上右步至乙的右脚前面，顺势右小臂挑击乙的右肘关节。参见图 8-21-1、图 8-21-2、图 8-21-3 和图 8-21-4。

图 8-21-1　　　　　　　　图 8-21-2

图 8-21-3

图 8-21-4

（2）乙顺势下沉，右转，收肘，小臂拿住甲的右肘关节，左手挨右手亦放置彼关节处，同时向右后方猛转捌其肘关节。参见图 8-21-5、图 8-21-6 和图 8-21-7。

图 8-21-5

图 8-21-6

图 8-21-7

（3）甲顺势先左转，再右转，用右小臂拿住乙的肘关节，左手挨右手亦放置乙肘关节处，同时向右后方猛转捌其肘关节。参见图 8-21-8 和图 8-21-9。

图 8-21-8

图 8-21-9

二十二、顺拦肘

（1）乙身下沉，左转，右臂随身向左摆出，右脚收至左脚内侧，随即右脚向右上步，同时屈右臂以右肘击打甲的肋部。参见图 8-22-1 和图 8-22-2。

图 8-22-1

图 8-22-2

（2）甲左腿擦地撤半步，右脚也随之擦地撤半步，双手按乙的大臂向右前方按出，随后出右手摆击乙的面部。参见图 8-22-3、图 8-22-4 和图 8-22-5。

图 8-22-3

图 8-22-4

（3）乙右臂随身左转之时迎住甲的右臂，撤右脚于左脚侧，震脚，向右侧上步，右臂屈肘，以肘击甲的肋部，呈顺拦肘式。参见图 8-22-6。

图 8-22-5

图 8-22-6

二十三、穿心肘

（1）甲左腿擦地撤半步，右脚也随之擦地撤半步，双手按乙的大臂向右前方按出。参见图 8-23-1。

（2）为化来势，乙左转，右脚收至左脚侧，震脚；再向右侧上步，左手握右腕，以右肘尖向上、向左、向下、向右猛击甲的肋部。参见图 8-23-2、图 8-23-3 和图 8-23-4。

（3）甲为防乙肘，两手敷住乙大臂，随之而动，在乙发劲时，向其右后方按出。参见图 8-23-5。

（4）为化解来势，乙再做穿心肘，甲用同样的办法化解来势。参见图 8-23-6、图 8-23-7 和图 8-23-8。

图 8-23-1

图 8-23-2

图 8-23-3

图 8-23-4

图 8-23-5

图 8-23-6

图 8-23-7

图 8-23-8

二十四、井拦直入

乙身右转，右手采住甲的右腕向右后方采出，同时左脚向右前方进步，左手按击甲的腹部，呈井拦直入式。参见图8-24。

图 8-24-1

二十五、风扫梅花

（1）甲用左手接住乙的左手，右臂随势运化粘住乙的右腕，并随势向右前方进右步。参见图8-25-1、图8-25-2和图8-25-3。

（2）甲乙四臂相架，甲以乙为圆心走五步转一周回原地，乙在甲走第二步时，随甲走四步转一周回原地，两臂展开，弧形从上转到下，俯视看去，此时两人手臂如同旋转的梅花。参见图8-25-4。

图 8-25-1

图 8-25-2

图 8-25-3

图 8-25-4

二十六、金刚捣碓

两人转一周，大致回到起势位置时，提膝、砸拳，同做金刚捣碓。参见图 8-26-1、图 8-26-2、图 8-26-3 和图 8-26-4。

图 8-26-1   图 8-26-2

图 8-26-3   图 8-26-4

二十七、收式

两人同时两手里旋，左掌在里，右掌在外，两掌心向外，平推出，与肩同宽，平落于身侧。参见图 8-27-1 和图 8-27-2。

图 8-27-1　　　　　　　　　　　　图 8-27-2

（如连续进行反正架练习，两人在金刚捣碓后，直接做懒扎衣，按各式依次进行演练。）

第二节　对练（二）

此时，乙为进攻手，甲为走拳式。穿深色衣服者为甲，浅色衣服者为乙，两人的位置不变，面对的方向不变。

一、起势

承上式，两人相背站立，相距一臂远。两人同时做预备式。参见图8-F1。

图 8-F1

二、懒扎衣

两人同做懒扎衣，两右臂相触。参见图 8-F2-1、图 8-F2-2、图 8-F2-3 和图 8-F2-4。

图 8-F2-1

图 8-F2-2

图 8-F2-3

图 8-F2-4

三、搬拦捶

（1）乙身右转，右手采住甲右腕，略向右后下方带，同时左掌插向甲喉部，掌心向上。参见图 8-F3-1。

（2）甲身略下沉，左手在右手大臂处迎住乙的左掌，掌心向下，接着向左后方带出。同时，甲的右手经乙腹部绕至对方左大臂外侧，向自己乳房收肘，呈挒捌式。参见图 8-F3-2。

图 8-F3-1 图 8-F3-2

（3）乙顺势进左步至甲身前，接着右脚再向前迈一步，同时右手采住甲的右腕，左手绕至甲右大臂外侧，反捋甲右臂。参见图 8-F3-3。

（4）甲顺势立右掌反采乙右腕，左手绕至乙右肘处，反捋乙右臂。参见图 8-F3-4。

（5）乙顺势先进右步至甲左腿后面，再向后撤左步，松肩沉肘，立掌，反捋甲左臂，甲借势做搬拦捶。参见图 8-F3-5。

图 8-F3-3 图 8-F3-4 图 8-F3-5

四、劈架子

（1）乙沉肘松肩，向左捋甲左臂。参见图 8-F4-1。

（2）甲松肩沉肘，反捋乙右臂。乙沉肘松肩，向左捋甲左臂，甲顺势左转，左手立腕，右脚上至左脚侧，提膝顶裆。参见图 8-F4-2 和图 8-F4-3。

图 8-F4-1

图 8-F4-2

（3）乙为化解对方的顶膝，右脚向后退一步，左脚随之退一大步，略大于第一步，两脚距离略宽于两肩。接着，甲震脚踏实；同时右手由左臂下拿住乙的右手腕，身右转 45°，左小臂顺势上左腿之际，向里、向下、向上，弹击对方裆部。乙左手采住甲的左腕；同时右手绕至甲的左肘关节处，呈捋挒式，甲定式劈架子。参见图 8-F4-4。

图8-F4-3

图8-F4-4

五、白鹤亮翅

（1）甲右手迎住乙的右手，身体左转上右脚一步远。参见图 8-F5-1。

（2）乙右脚后撤半步，左脚跟着撤一步远，欲向右后方捋甲右臂。参见图 8-F5-2。

（3）甲顺势上左脚，做白鹤亮翅，左手按对方小腹。参见图 8-F5-2。

图 8-F5-1

图 8-F5-2

六、右擦脚

（1）乙左脚外摆，身左转，左手接住甲左掌向左引带，高于胸，右手绕至甲左肘外侧，捋捌甲左臂。参见图 8-F6-1 和图 8-F6-2。

图 8-F6-1

图 8-F6-2

（2）甲借势身左转，做右擦脚，右脚踢向对方下颌。参见图 8-F6-3。

（3）乙右脚后撤一步，提左膝护裆，同时左手拍击甲的右脚面，随后，左脚上半步，左手反掌击打甲的面部。参见图 8-F6-4。

图 8-F6-3

图 8-F6-4

七、左擦脚

（1）甲右脚落地，两手合住，两臂外旋接住乙的反掌。参见图 8-F6-4。

（2）身体右转，做左擦脚，左脚踢向对方下颌。参见图 8-F7。

图 8-F7

八、双撞

（1）乙右脚后撤一步，提左膝护裆，同时右手拍击甲的左脚面，随后，左脚上半步至对方左脚后侧，双掌推向甲胸部。参见图 8-F8-1。

（2）甲含胸拔背，双臂向上略掤开乙的双臂，就势做双撞，撞向对方胸下部。参见图 8-F8-2。

图 8-F8-1   图 8-F8-2

九、肘底捶

（1）乙身略左转，双手随身自下转至对方右小臂下，右手转开甲的双臂，左手按在甲的右肘处，捋捌甲的右臂。参见图 8-F9-1 和图8-F9-2。

图 8-F9-1   图 8-F9-2

（2）甲借势反捋乙的左臂，两人做打轮转圈。甲得势用右臂挤乙的腹部。参见图 8-F9-3。

（3）乙双手下按甲的双臂，甲身下沉，左转，左手松肩沉肘立掌，右手转至左肘下方拿住对方的右手腕，左肘内收，左手外开，呈肘底锤式。参见图 8-F9-4。

图 8-F9-3

图 8-F9-4

10. 右野马分鬃

（1）乙为化解擒拿，身下沉，右脚上前一步，左脚再上步，左手挡住甲右手。参见图 8-F10-1。

（2）甲顺势用左手下采乙右腕，乙随势走化，甲趁机右手插入乙左腋下，做右野马分鬃式。参见图 8-F10-2、图 8-F10-3 和图 8-F10-4。

图 8-F10-1

图 8-F10-2

图8-F10-3

图8-F10-4

（3）乙身下沉，右手略外旋，左手按于甲的右肘。参见图 8-F10-5 和图 8-F10-6。

图 8-F10-5

图 8-F10-6

十一、左野马分鬃

（1）乙身左转，右手向右划圈同左手一起按住甲的右小臂。参见图 8-F11-1。

（2）甲身左转，再右转，右臂沉肘立掌，上左步，左手插至乙的右腋下，向左前方发出，呈左野马分鬃式。参见图 8-F11-2、图 8-F11-3 和图 8-F11-4。

图 8-F11-1

图 8-F11-2

图 8-F11-3

图 8-F11-4

十二、左转身六封四闭

（1）乙右手向里划弧至腹部，化开来势，左掌向甲面部击出。参见图 8-F12-1。

（2）甲随势左转，右手迎住乙的左掌。参见图 8-F12-2。

图 8-F12-1

图 8-F12-2

（3）乙左手后撤，右手趁势反掌击打甲的面部。参见图 8-F12-3。

图 8-F12-3

（4）甲用右手迎住乙的右腕，左手抓住其右肘关节，两手同时向右后方捋出；同时，甲身体左转，起右腿摆击乙的腰部。参见图 8-F12-4和图 8-F12-5。

（5）乙趁势撤右步，提左膝，用左手拍击对方右脚面以化解来势。随后，左脚向前落步，双臂合抱挤向甲的胸部。参见图 8-F12-6。

（6）甲落右脚，双手按住乙的双臂搓击呈六封四闭式。参见图8-F12-7。

图 8-F12-4   图 8-F12-5

图 8-F12-6   图 8-F12-7

十三、单鞭

（1）乙身下沉右转，右手拿甲的右腕划一圈交于左手，同时上右步，出右掌击向甲胸。参见图 8-F13-1。

（2）甲随势右转，右手化开乙的拿腕，左手划圈拨开乙的右掌，呈单鞭式。参见图 8-F13-2。

图 8-F13-1

图 8-F13-2

十四、云手

甲乙两人双手相互粘住，同做云手，连续三个。参见图 8-F14-1、图 8-F14-2、图 8-F14-3、图 8-F14-4、图 8-F14-5 和图 8-F14-6。

图 8-F14-1

图 8-F14-2

图 8-F14-3

图 8-F14-4

图 8-F14-5

图 8-F14-6

十五、摆莲

（1）当第三个云手时，甲右手拿住乙右腕，左手抓住乙右肘，向右后方引带，同时起右腿摆击乙的腰部。参见图 8-F15-1 和图 8-F15-2。

图 8-F15-1

图 8-F15-2

（2）乙撤右步，提左膝，用左掌拍击甲的右脚面，化开来势。参见图8-F15-3。

十六、雀地龙

（1）承上式，乙进左步，出左掌反击甲的面部，接着上右步抡右拳，砸击甲头部。

图 8-F15-3

（2）甲双手合住呈十字，向上接住乙的来拳，下塌呈左仆步，右手于头顶迎住乙的右拳，左手变拳击打对方裆部，呈雀地龙式。参见图8-F16。

十七、左金鸡独立

（1）甲左转起身，同时右手拿住乙的右腕向外转一圈，交于左手，提右膝击打乙的裆部，用右拳搓击乙的面部，呈左独立式。参见图8-F17-1和图8-F17-2。

图 8-F16

（2）乙身体略后移，提右膝护裆，左手迎住甲的右腕。参见图8-F17-3。

图 8-F17-1

图 8-F17-2

图 8-F17-3

十八、右金鸡独立

（1）甲拿住乙左腕向右转一圈，同时，提左膝，出左掌搓击乙面部。参见图8-F18-1。

（2）乙身左转，提左膝护裆，右手迎住甲的左腕。参见图8-F18-2。

图 8-F18-1

图 8-F18-2

十九、倒卷肱

1. 左式

（1）甲左腿向后撤一步，同时，将乙的右手交于左手，随身向左后方带出，右手则击打乙的肋部，呈左倒卷肱式。参见图 8-F19-1 和图 8-F19-2。

（2）乙上左步，右手迎住甲的右手，然后外旋拿住甲的右腕。参见图 8-F19-3。

图 8-F19-1

图 8-F19-2

图 8-F19-3

图 8-F19-4

2. 右式

（1）甲撤右步，右手反采乙右手向右后方牵带，左手击打乙的肋部，呈右倒卷肱式。参见图8-F19-4。

（2）乙随势上右腿，身下沉，左手迎甲的左手，向左后方牵带。参见图8-F19-5。

图 8-F19-5

二十、掩手拳

（1）甲用右手拿住乙的右腕交于左手，左手向左前方转出；同时，提右膝，向前落步，左腿随即上步，出右拳击打乙的腹部。参见图8-F20-1和图8-F20-2。

（2）乙退右步，左手向右、向下划弧转化甲的冲拳。参见图8-F20-3（参看正架图8-20-3）。

图 8-F20-1   图 8-F20-2   图 8-F20-3

二十一、回身肘

（1）承上式，乙上右步，同时右手与左手一起将甲右腕拿住；然后，乙上左步，再上右步至甲的右脚前面，顺势右小臂挑击甲的右肘关节。参见图8-F21-1、图8-F21-2和图8-F21-3。

图 8-F21-1　　　　　　　图 8-F21-2　　　　　　　图 8-F21-3

（2）甲顺势下沉，右转，收肘，小臂拿住乙的右肘关节，左手挨右手亦放置彼关节处，同时向右后方猛转捌其肘关节。参见图 8-F21-4 和图 8-F21-5。

图 8-F21-4　　　　　　　图 8-F21-5　　　　　　　图 8-F21-6

（3）乙顺势先左转，再右转，用右小臂拿住甲的肘关节，左手挨右手亦放置甲肘关节处，同时向右后方猛转捌其肘关节。参见图 8-F21-6、图 8-F21-7 和图 8-F21-8。

图 8-F21-7　　　　　　　　　图 8-F21-8

王成太极

182

二十二、顺拦肘

（1）甲身下沉，左转，右臂随身向左摆出，右脚收至左脚内侧，随即右脚向右上步，同时屈右臂以右肘击打乙的肋部。参见图 8-F22-1 和图 8-F22-2。

图 8-F22-1　　　　　　　　　　　图 8-F22-2

（2）乙左腿擦地撤半步，右脚也随之擦地撤半步，双手按甲的大臂向右前方按出，随后出右手摆击甲的面部。参见图 8-F22-3 和图 8-F22-4。

（3）甲右臂随身左转之时迎住乙的右臂，撤右脚于左脚侧，震脚，向右侧上步，右臂屈肘，以肘击乙的肋部，呈顺拦肘式。参见图 8-F22-5。

图 8-F22-3　　　　　　图 8-F22-4　　　　　　图 8-F22-5

二十三、穿心肘

（1）乙左腿擦地撤半步，右脚也随之擦地撤半步，双手按甲的大臂向右前方按出。参见图 8-F23-1。

（2）为化来势，甲左转，右脚收至左脚侧，震脚；再向右侧上步，左手握右腕，以右肘尖向上、向左、向下、向右猛击乙的肋部。参见图 8-F23-2、图 8-F23-3 和图 8-F23-4。

图 8-F23-1

图 8-F23-2

图 8-F23-3

图 8-F23-4

（3）乙为防止甲肘，两手敷住甲大臂，随之而动，在甲发劲时，向其右后方按出。参见图 8-F23-5。

（4）为化解来势，甲再做穿心肘，乙用同样的办法化解来势。参见图 8-F23-6、图8-F23-7、图 8-F23-8 和图 8-F23-9。

图 8-F23-5

图 8-F23-6

图 8-F23-7

图 8-F23-8

图 8-F23-9

二十四、井拦直入

甲身右转，右手采住乙的右腕向右后方采出，同时左脚向右前方进步，左手按击乙的腹部，呈井拦直入式。参见图 8-F24。

图 8-F24

二十五、风扫梅花

（1）乙用左手接住甲的左手，右臂随势运化粘住甲的右腕，并随势向右前方进右步。参见图 8-F25-1 和图 8-F25-2。

（2）甲乙四臂相架，乙以甲为圆心走五步转一周回原地，甲在乙走第二步时，随乙走四步转一周回原地，两臂展开，弧形从上转到下，俯视看去，此时两人手臂如同旋转的梅花。参见图 8-F25-3 和图 8-F25-4。

图 8-F25-1

图 8-F25-2

图 8-F25-3

图 8-F25-4

二十六、金刚捣碓

两人转一周，大致回到预备式位置时，提膝、砸拳，同做金刚捣碓。参见图 8-F26-1、图 8-F26-2、图 8-F26-3 和图 8-F26-4。

图 8-F26-1   图 8-F26-2

图 8-F26-3   图 8-F26-4

二十七、收式

两人同时两手里旋，左掌在里，右掌在外，两掌心向外，平推出后，掌心向下，与肩同宽，平落于身侧。参见图 8-F27-1 和图 8-F27-2。

图 8-F27-1   图 8-F27-2

（动作示范：白衣者刘兵、黑衣者李铁柱）

第九章
王成 27 式太极拳正架套路
常见错误及自我纠错

在习练太极拳的过程中，经常会出现动作不规范的情形。本章以正架为例，列举一些常见的错误，并按对应序号提供自我纠错之法，以帮助太极拳爱好者更好地规范自己的拳架。

一、起势

1. 常见错误

（1）左开步时拖泥带水，或重心先落到右脚提起左膝开步。

（2）转手时，肘部乱动，肩肘不松，转手顿挫，离身体太远。

（3）向左上方起手时角度小于或大于 45°，手腕臂不直。

（4）尚未转身，重心先起，右脚已先抬起脚跟。

（5）向左前方倾斜身体。

（6）落手时手腕臂不平，两臂距离不同肩宽，落手与松胯屈膝不协调。

2. 自我纠错

（1）对镜自照，左开步时，自然横向开步，脚到重心到。

（2）转手时肩肘放松，肘部为圆心基本固定，前臂至中指尖为半径贴身匀速划圆。

（3）（4）（5）手臂自右下向左上方起手时手随身转，转身时暂不起身，转身结束手与胸齐再手领身起，手领身转至身体左上方45°最高处，身体自然挺直，背部拔起且有拧转的感觉，头部与左脚垂直。

（6）落手时，依次松胯松肩，手臂落至与肩平时，屈膝也同时完成。

说明：图9-1-1是"常见错误"的（3）（5）条图示，图9-1-2是正确的图示，两相对照，有助于拳架的快速规范。以下各式同，不再逐式说明。

图 9-1-1　第一式错误类型（3）（5）

图 9-1-2　正确图

二、懒扎衣

1. 常见错误

（1）左手呆板不动，右手转时耸肩。

（2）合手时弯腰屈膝，或两侧倾斜。

（3）向右出右脚时向左收一下导致重心左移一次。

（4）出右手时向外平推且身子向右侧前倾。

2. 自我纠错

（1）左手手肘肩外旋推出，右手手肘肩依次动作，自前向后画圆。

（2）合手时只是手的动作，身体高度不变。

（3）出右脚时直接带着重心自然上步。

（4）两手分时右手手肘肩随步向上向右向下弧形划出。

图 9-2-1　第二式错误类型（2）（3）

图 9-2-2　正确图

三、搬拦捶

1. 常见错误

（1）两臂划圆高度不够，成了自右向左平抹，且结束划圆时两手放于身前。

（2）左右转身时只是身子拧转而胯脚不动，或直膝起身。

（3）左捶打出有折叠，或方向高度失准。

（4）右拳位置不当，或耸肩抬肘。

2. 自我纠错

（1）两臂伸直自右向上向下再向身右后划大圈，结束时两手放于右腿后侧。

（2）左右转身时身体高度不变，转胯带动身转，两脚随之右脚内扣左脚外摆。

（3）左捶自右下向左上弧形抢出，拳高与眼齐，手臂与左腿同向且上下垂直。

（4）右拳扣腕置于下巴下方，松肩垂肘。

图 9-3-1　第三式错误类型（2）（3）（4）

图 9-3-2　正确图

四、劈架子

1. 常见错误

（1）转身向右下"拉绳"的动作变成平拉或下拉，或下拉时俯身，不能中正。

（2）右手起手不直且举得过高。

（3）右转落脚时俯身低头。

（4）弓步撩左拳时，左拳方向不正，右臂伸直。

2. 自我纠错

（1）两手右下 45°"拉绳"，所有的拧腰转身都要努力做到立身中正。

（2）右手斜向上 45° 起手，手肘肩顺序，最后手臂要挺直。

（3）两手右下 45°"拉绳"，所有的拧腰转身都要努力做到立身中正。

（4）左拳撩出后胳膊平直，拳心向下，右拳在右腿内侧，右臂要有弧形。

图 9-4-1　第四式错误类型（4）

图 9-4-2　正确图

五、白鹤亮翅

1. 常见错误

（1）上步合手时左转身不够，重心在两只脚上。

（2）最后的分手定式两手臂偏向前而没有打开。

2. 自我纠错

（1）上步合手左转身要足够 90°，重心偏于左脚，右脚只是随势跟上，虚在左脚侧。

图 9-5-1　第五式错误类型（2）

图 9-5-2　正确图

（2）分手定式时两手臂呼应，撑成一个斜圆，两肩打开，重心在后脚。

六、右擦脚

1. 常见错误

（1）左转身松胯合手时低头弯腰。

（2）两手上分未过头顶，或两手未成立圆。

（3）右手拍脚时，左手平悬一侧，身子有俯仰。

（4）右手擦脚时未能走出手肘肩，左手未能同时往后发力平衡。

2. 自我纠错

（1）松胯屈膝成盘步时，上身保持中正。

（2）两手成立圆上举过头顶然后分开。

（3）拍脚时左手要后撑与右手在一条线上，立身中正。

（4）擦脚时右手手肘肩拍击脚面，左手同时往后手肘肩发力，后手高于前手。

图 9-6-1　第六式错误类型（3）（4）

图 9-6-2　正确图

七、左擦脚（同右擦脚，唯左右手换）

图 9-7-1　第七式错误类型（1）

图 9-7-2　正确图

八、双撞

1. 常见错误

（1）两臂上举时过高或过低，臂弯曲，手掌向下。

（2）两臂下落时，臂弯曲。

（3）撞出时，两臂过低或过高，两掌向后折腕，掌根向前，身前俯。

2. 自我纠错

（1）两臂手肘肩上举 45°，臂伸直，掌心朝上。

（2）两臂下落时以肩带，直棍落。

（3）撞出时，手肘肩向斜下 45° 发力，手掌斜对搓出，肩要送出，身体尽量中正勿俯冲。

图 9-8-1　第八式错误类型（3）　　　　图 9-8-2　正确图

九、肘底捶

1. 常见错误

（1）两臂分转时划圈不到位。

（2）定式时身子后仰，左臂夹角折臂，右拳在左肘下。

（3）定式时身体正面朝前，左脚落实吃重。

2. 自我纠错

（1）两臂分转各在体侧划圆，肩要转开。

（2）立身中正，左臂有弧度不要有明显夹角，中指尖与眼齐，右拳在左肘下稍偏右内侧。

（3）重心在右脚上，左脚虚落地面，身子侧身偏右转一点，手仍正对前方。

图 9-9-1　第九式错误类型（2）（3）　　　　　

图 9-9-2　正确图

十、右野马分鬃

1. 常见错误

（1）合手时双脚踏地吃重，身体前俯或歪斜。

（2）上步分手时右手方向偏右太多，左手臂太直。

（3）身体右前倾。

2. 自我纠错

（1）合手时重心偏于左脚，右脚虚随左脚侧。

（2）分手时右手掌与眼眉同高，手臂与右腿方向一致，不可倾斜，左手臂在左胯侧撑出弧度。

（3）立身中正，头与尾闾垂直。

图 9-10-1　第十式错误类型（1）

图 9-10-2　正确图

十一、左野马分鬃（同上，唯左右相反）

图 9-11-1　第十一式错误类型（2）（3）

图 9-11-2　正确图

十二、左转身六封四闭

1. 常见错误

（1）直踢腿拍脚面。

（2）拍脚后身不左转。

（3）下按时两手折腕直直下按。

（4）上步下按时俯身，两脚踏实。

2. 自我纠错

（1）摆脚踢，两掌掠拍右脚面外侧。

（2）拍脚后身转向左。

（3）两手掌斜相对手肘肩依次送出，斜下 45° 搓按，手型如按在篮球上。

（4）下按时保持立身中正，不能有明显起伏，重心在右脚，左脚虚随其侧。

图 9-12-1　第十二式错误类型（3）（4）

图 9-12-2　正确图

十三、单鞭

1. 常见错误

（1）左右手前出时身子不转，两脚踏实。

（2）先钩手再撤步。

（3）定式时，身体不中正，右手钩手太僵太低偏向右腿内侧，左手偏向左腿外侧。

2. 自我纠错

（1）重心在右脚，出右手身左转，出左手时身右转。

（2）撤步同时右勾手翻向下。

（3）定式时，身体保持中正，右手勾手自然下垂，在右腿上方，左手在左腿上方，略与肩平，后手要高于前手（后手与耳齐，前手与鼻齐）。

图 9-13-1　第十三式错误类型（3）

图 9-13-2　正确图

十四、云手

1. 常见错误

（1）两手划圈时手脚分离不协调。

（2）身子不转。

2. 自我纠错

（1）右手是顺时针划圈，左手是逆时针划圈，可以单练。然后配合脚步，右脚向左脚处收的同时，右手向左侧划下半圈，左手向左侧划上半圈；向左出左脚的同时，右手向右侧划上半圈，左手向右侧划下半圈。

（2）伴随着手划圈的动作，重心在左脚时身体左转，重心在右脚时身体右转。

图 9-14-1　第十四式错误类型（2）

图 9-14-2　正确图

十五、摆莲

1. 常见错误

（1）云手后出左脚的方位不对。

（2）直拍脚，身子歪斜。

（3）拍脚后接下式雀地龙时身体不及时右转。

2. 自我纠错

（1）左脚向左外侧出。

（2）摆脚，两手从右脚背外侧向左掠拍，身子保持中正。

（3）拍脚后两手变拳上架随之右转身以接着做下式雀地龙。

图 9-15-1　第十五式错误类型（3）

图 9-15-2　正确图

十六、雀地龙

1. 常见错误

（1）左拳贴地穿行时翘臀，身体前俯。

（2）出左脚时方向不准。

2. 自我纠错

（1）多练仆步压腿，力求上身中正。

（2）出左脚向行拳的正前方，勿左右倾斜。

图 9-16-1　第十六式错误类型（1）

图 9-16-2　正确图

十七、左金鸡独立

1. 常见错误

（1）右手穿掌上举不旋臂，折腕托举。

（2）左手离身太近，身子歪斜甚至左右跳跃求平衡。

（3）支撑腿抖动明显。

2. 自我纠错

（1）右手手肘肩沿身体中线悬臂上领，先内旋再外旋至头顶右上方，手腕自然伸直。

（2）左手向外向下撑出，下按手掌指朝前，与上举之右手呼应，两臂呈一弧形，利于平衡。

（3）右手领劲，头顶不丢虚领之劲，胯松，支撑腿尽量要直。

图 9-17-1 第十七式错误类型（2）

图 9-17-2 正确图

十八、右金鸡独立（同左金鸡独立，唯左右手脚相反）

正确姿势如图 9-18。

十九、倒卷肱

1. 常见错误

（1）落右脚和倒步分手时左手掌掌心始终向下。

（2）分手时右手只是在左手上平抹而过。

（3）定式时两手过平或变成了下按。

（4）眼不朝向前手的方向。

图 9-18　正确图

2. 自我纠错

（1）落右脚时两手都要翻掌使掌心朝上，倒步分手时，左手外旋掌心朝下肩肘手依次后拉。

（2）分手时左手后拉右手前扯，状若撕布。

（3）定式时两手在身体两侧斜下方撑按，两掌斜相对，有撑圆呼应之意，两掌高度同胯高。

（4）眼睛朝向前手的方向。

图 9-19-1　第十九式错误类型（3）

图 9-19-2　正确图

二十、掩手拳

1. 常见错误

（1）两手上托时过高并易弯曲。

（2）右手出拳直接从腰间打出。

（3）左手八字手掌心朝上且松松地附在腰间。

2. 自我纠错

（1）两手 45° 上托，手臂要直。

（2）合手打拳时右手收至右肩处，向内扣腕，然后手臂外旋打出。

（3）右拳打出时，左手八字手掌心向下，在腰侧稍微后撑，与右拳形成对拉之势。

图 9-20-1　第二十式错误类型（2）

图 9-20-2　正确图

二十一、回身肘

1. 常见错误

（1）身体向右侧倾斜过度。

（2）左右手不能呼应。

2. 自我纠错

（1）身体向右要斜中寓正，身体松胯下沉成右弓步（弓马步），头部不要超过右膝。

（2）右肘找右膝，拳面向上，左拳在头部左上方，臂稍弯，拳面向右下，与右拳形成呼应。

图 9-20-1　第二十式错误类型（2）　　　　图 9-20-2　正确图

二十二、顺拦肘

1. 常见错误

（1）右手向左领至身前即回收到腹前且臂弯曲，右手掌心始终朝上。

（2）打肘时肘和脚的动作分离。

（3）打肘偏向身后，弓腰耸肩。

2. 自我纠错

（1）右手直臂尽量左领到身体左侧，臂外旋掌心朝下回收到腹前。

（2）右手领至最左侧时身稍左转并震一下右脚，全身做个协调预备，然后横跨右步同时打肘，上下劲要整。

（3）打肘向右侧横打，立身中正，肩要松活。

图 9-22-1　第二十二式错误类型（1）

图 9-22-2　正确图

二十三、穿心肘

1. 常见错误

（1）腋窝打不开，仅仅转一下肘。

（2）打肘时肘和脚的动作分离。

（3）打肘偏向身后，弓腰耸肩。

2. 自我纠错

（1）多练开腋转肩，肘尽量旋到耳朵上方。

（2）转肩至腋窝打开最大时身稍左转并震一下右脚，全身做个协调预备，然后横跨右步同时打肘，上下劲要整。

（3）打肘向右侧横打，立身中正，肩要松活。

图 9-23-1　第二十三式错误类型（3）　　　　图 9-23-2　正确图

二十四、井拦直入

1. 常见错误

（1）穿右掌时抬手臂，身体不转。

（2）右转身按手时，右手伸直于头右上方。

（3）左手太朝前按带动身体前倾过度。

2. 自我纠错

（1）穿右掌是手肘肩依次上钻，手臂内旋，注意垂肘，身左转。

（2）右转身时右手臂随身外旋至额右上方一抃即可，臂有弧度。

（3）左手 45° 下按至左膝前上方，尽量立身中正，两手臂有撑圆呼应之感。

图 9-24-1　第二十四式错误类型（2）（3）

图 9-24-2　正确图

二十五、风扫梅花

1. 常见错误

（1）扫腿旋转时，左右手呆放，右腿抬离地面过高，身体无法平衡。

（2）后扫时左手手心没有翻转。

2. 自我纠错

（1）旋转时先扣左脚尖，以左脚跟为轴，双手领劲带动身体，右脚尖贴地面划圆，立身中正，左手平伸助平衡。

（2）领转时左手手心翻向上。

图 9-25-1　第二十五式错误类型（1）

图 9-25-2　正确图

二十六、金刚捣碓

1. 常见错误

（1）起手提膝动作分离，手臂抬得过高且弯曲。

（2）震脚砸拳分开做。

（3）俯身翘臀以加力。

2. 自我纠错

（1）起手带动提膝，同时动作，手臂上撩 45° 即可，臂伸直。

（2）震脚砸拳同时，注意听声音是否是一响。

（3）上身中正，随砸拳松胯下沉。

图 9-26-1　第二十六式错误类型（3）

图 9-26-2　正确图

二十七、收式

1. 常见错误

（1）并步平推手后，两手划至身两侧下落。

（2）双臂从两侧上升时不并步，挺胸仰头，下落时从胸前松弛垂下，并且起落都太快。

2. 自我纠错

（1）两手平推出后，左脚同时慢慢收到右脚侧并步，两手直臂垂落至大腿两侧。

（2）双臂从两侧上升时，仍要保持立身中正，缓缓深吸气，双臂手肘肩依次缓缓引气上升，下落时，缓缓呼气，双手在头顶上方指尖相对，肩肘手缓缓引气下行。

图 9-27-1　第二十七式错误类型（2）

图 9-27-2　正确图

附 录

附录一 《王成27式太极对练》路线图

北
西 ——— 东
南

注：面南起势，几乎都是在东西一条直线上运行，虚线框为与上一动作在同一位置上。

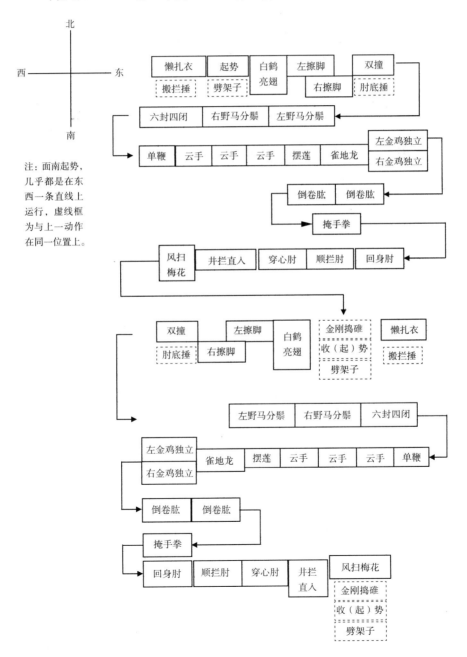

| 懒扎衣 | 起势 | 白鹤亮翅 | 左擦脚 | | 双撞 |
| 搬拦捶 | 劈架子 | | 右擦脚 | | 肘底捶 |

| 六封四闭 | 右野马分鬃 | 左野马分鬃 |

| 单鞭 | 云手 | 云手 | 云手 | 摆莲 | 雀地龙 | 左金鸡独立 |
| | | | | | | 右金鸡独立 |

| 倒卷肱 | 倒卷肱 |

| 掩手拳 |

| 风扫梅花 | 井拦直入 | 穿心肘 | 顺拦肘 | 回身肘 |

| 双撞 | 左擦脚 | 白鹤亮翅 | 金刚捣碓 收（起）势 劈架子 | 懒扎衣 |
| 肘底捶 | 右擦脚 | | | 搬拦捶 |

| 左野马分鬃 | 右野马分鬃 | 六封四闭 |

| 左金鸡独立 | 雀地龙 | 摆莲 | 云手 | 云手 | 云手 | 单鞭 |
| 右金鸡独立 | | | | | | |

| 倒卷肱 | 倒卷肱 |

| 掩手拳 |

| 回身肘 | 顺拦肘 | 穿心肘 | 井拦直入 | 风扫梅花 |
| | | | | 金刚捣碓 收（起）势 劈架子 |

211

附录二　若木鞭

一、"若木鞭"的文化释义

（一）神话传说

若木是上古传说中的一种神木，生昆仑西附西极，其华光赤下照地，闪闪发光，用以驱使太阳晨出东方，暮沉西天，照耀天地。若木鞭有以下几个作用：一是有太阳神背弓，持鞭督促太阳东西环行，不得延误偷懒；二是天空中有尘埃，浑浊，用若木鞭轻轻一挥，玉宇澄清；三是防止天狼窜出咬撕太阳，以免出现日食。

传说炎帝即太阳神，每日清早太阳神乘坐六个螭龙拉的车子，赶着太阳从东海出来向西方的昆仑山行走，抵达昆仑山后，太阳就在汤池洗澡，然后栖息在若木树上休息，于是大地就进入了黑夜，待到第二天继续工作，照亮大地，年复一年日复一日地循环，有时，太阳神稍不注意，天狗就会出来咬太阳，咬住了太阳，大地上就出现日食。过去的人们科学知识贫乏，一见到日食，大家就拿着盆子、锣使劲地敲，力图把天狗赶跑，现在大家知道日食是因为月亮运行到某一特定轨迹上，遮挡了太阳光对地球的照射，跟天狗没有任何关系。过去由于人们对科学知识的无知，做些近乎荒唐的动作，但也从这些神话中，看到人们对太阳的依赖和重视。

螭龙是传说中无角的龙；常说的螭虎意思是龙与虎，比喻勇猛的将士。由于太阳神坐的是螭龙拉的车，轭到轵的距离较长，赶车的鞭要比其他的鞭长些，鞭短了，够不到目标，所以若木鞭比一般的鞭要长些。关于若木鞭的神武有诗为证：

《若木鞭》

天有神鞭督日行，若木一挥天地明。

纷纷扰扰多少事，若木鞭出尽太平。

（二）"若木"及部分动作名称的文化渊源

1. 若木

据《山海经·大荒北经》载："大荒之中，有衡石山、九阴山、洞野之山，上有赤树，青叶赤华，名曰若木。生昆仑西，附西极，其华光赤，下照地。"

2. 后羿发威

出自后羿射日的神话传说。传说羲和生有十子，是太阳的母亲。关于羲和的原型最早见于《山海经·大荒南经》："东南海之外，甘水之间，有羲和之国。有女子名曰羲和，方日浴于甘渊，羲和者，帝俊之妻，生十日。"翻译成现代汉语就是：在大荒当中，有座山名叫天台山，海水从南边流进这座山中。在东海之外，甘水之间，有个羲和国。这里有个叫羲和的女子，正在甘渊中给太阳洗澡。羲和这个女子，是帝俊的妻子，生了十个太阳。到了尧统治时期，十个太阳一起出来，庄稼草木都晒死了，老百姓没有吃的了，天帝命大神后羿下界解救人类，后羿大怒拿上弓箭，要把太阳射下来。

3. 九乌连坠

指后羿拼尽力气把九个金乌射下来，留着一个照明。金乌是指太阳。

《淮南子·本经训》："逮至尧之时，十日并出，焦禾稼，杀草木，而民无所食。"

4. 牯牛闯阵

来源于火牛阵。火牛阵，战国齐将田单发明的战术。燕昭王时，燕将乐毅破齐，田单坚守即墨（今山东平度）。公元前279年，燕惠王即位。田单向燕军诈降，使之麻痹，又于夜间用牛千余头，牛角上缚上兵刃，尾上缚苇灌油，以火点燃，猛冲燕军，并以五千勇士随后冲杀，大败燕军，杀死骑劫。田单乘胜连克七十余城。火牛阵发生地应在现即墨市华山镇。该镇原名牛齐埠乡，驻地叫牛齐埠村，相传得名自"火牛阵"历史。牛齐埠村旁有小山，名"万花山"，相传为火牛阵发生地。

5. 喝山让道

秦始皇统一中国后，为方便全国的交通，修建标准的驿道。因为有些地区山丘连绵高低不齐，给人们的交流、交通造成了极大的困难，秦始皇下令，遇山开路，遇沟壑架桥，这在当时是非常了不起的工程，难度也非常大。秦始皇一声令下，修筑了全国的驿道，直到现在还有的地方保留着秦始皇修的驿道，还能完好无损地继续使用。

6. 箭贯石虎

指唐朝李广射虎的典故。李广射虎是记载于司马迁《史记》里面的故事，原文是：李广出猎，见草中石，以为虎而射之，中石没镞，视之石也。因复更射之，终不能复入石矣。广所居郡闻有虎，尝自射之。及居右北平射虎，虎腾伤广，广亦竟射杀之。

李广，陇西（今甘肃）人，是汉朝大将，善骑射，祖辈精通箭术，故他自幼即练就了过硬的射箭本领，在历次战斗中，勇猛杀敌，屡立战功。

汉武帝时，李广为右北平郡太守。当时这一带常有老虎出没，危害人民。出于为民除害，李广经常带兵出猎。一日，李广狩猎回来，路过虎头石村，已是夜幕降临时分，月色朦胧。这里怪石林立，荆棘丛生，蒿草随风摇曳，刷刷作响。行走间，突然发现草丛中有一黑影，形如虎，似动非动。这时，李广让士兵闪过，拉弓搭箭，只听"嗖"的一声，正中猎物，于是策马上前察看，当正要搜取猎物时，不觉大吃一惊，原来所射并非一虎，而是虎形巨石。仔细一看，镞已入石。这时众随从也围拢过来观看，均赞叹不已。当时李广也不自信，又回到原处上马重射，比前更加用力，可是连射数箭，终究不能再射入石头。事后，当地百姓闻听此事更加敬慕。匈奴也闻风丧胆，多年不敢入侵。唐代诗人王昌龄的一首诗《出塞》中也提到过他："但使龙城飞将在，不教胡马度阴山。"龙城，今河北省卢龙县，坐落在卢龙城南六里之处，称为"虎头唤渡"的古渡口，相传就是其射虎之地。

7. 煮海擒龙

是指张羽煮海的典故，出自元代戏曲作家李好古杂剧《沙门岛张羽煮海》。秀才张羽借寓于东海岸边石佛寺中，一日，他的琴声引来了东海龙宫的琼莲公主，两人志趣相投，琼莲临别相赠龙宫之宝鲛绡帕，暗许婚姻，并相约八月十五在海边相见。谁知琼莲为拒天龙之婚，被龙王关入鲛人洞中受苦，张羽闻报借助鲛绡帕闯入龙宫求见，反遭天龙之辱，被绑在鲛人洞外化成礁石。琼莲得讯舍出颔下骊珠救张羽出龙宫，张羽生还人间，并得龙母指点至蓬莱岛求仙相助。蓬莱仙姑赠他三件法宝，在沙门岛煮海，烧死天龙，降服龙王，最终成全了张羽和琼莲的美好心愿。张羽煮海的故事发生在烟台沙门岛（今长岛县庙岛）。

8. 挑挂锦袍

出自《三国演义》关云长过五关斩六将的故事，关云长辞别曹操奔往荆州，关将不放行，关云长闯关斩六将，曹操见其去意坚，特送锦袍，嘱咐边关放行，关云长接收锦袍，怕有诈，不敢下马承接，只是在马上用刀挑起接收，时刻警惕。

9. 回身定莲

这里莲，指的是脚的意思。金莲过去有一段历史时期是指女人的小脚，女人小时候用裹布把脚裹成尖尖状，以小为美，有三寸金莲之说，实则是对女性的摧残，心理扭曲的表现，民国时期人们开始摈弃这种恶俗，现在基本绝迹。

10. 混沌力断

指盘古开天地。盘古之时，天地混沌不分，盘古挥斧，劈开混沌，使清气上升，浊混下降，清者化为天，浊者化为地，从此天地分明。

二、若木鞭简介

（一）若木鞭的标志

若木鞭的标志：前上方有一圆日，后面为一人持棍高举（见附图2-1）。

附图 2-1

215

（二）若木鞭的构成

若木鞭分为鞭梢、鞭身、鞭首三部分。上端，棍的 1/3 处为鞭梢；中间，棍的 2/3 处为鞭身；下端，棍的 1/3 处为鞭首（见附图 2-2）。

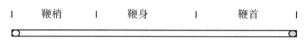

附图 2-2

（三）若木鞭的尺寸及材质

1. 若木鞭的尺寸

若木鞭的高度一般为从地面到持鞭人的肩头（下巴）处。小头四个环距顶端的距离分别是 7 厘米、8 厘米、20 厘米、21 厘米；大头四个环距底端的距离分别是 7 厘米、8 厘米、22.5 厘米、23.5 厘米（见附图 2-3、附图 2-4、附图 2-5）。以上尺寸可根据实际情况按比例进行放大或缩减，粗细以持棍人的手满把为宜。

附图 2-3

附图 2-4

附图 2-5

2. 若木鞭的材质

木质杆、塑料管、钢铁管（表面镀锌或不镀锌）等均可作为制作若木鞭的材料。

三、若木鞭习练与技击要诀

（一）若木鞭习练要诀

滑把要活，横架弹崩；

侧身挂化，戳砸力冲；

擒拿绕搅，步法灵轻；

击打连环，鞭随身行。

（二）若木鞭技击要诀

上打头颈戳当胸，后腰两肋瞅分明；

锁骨肩胛点戳砸，膝盖臁股首当冲；

脚面踝骨痛难禁，碰上肘腕见输赢。

四、若木鞭套路名称

（一）正架

第一段

1. 预备式	2. 日跃东海
3. 推波助澜	4. 左右开弓
5. 拨舟罩网	6. 力劈天狼
7. 张弓射箭	8. 后羿发威
9. 九乌连坠	10. 白鹤欢舞

第二段

11. 足踹挥鞭（左）	12. 足踹挥鞭（右）
13. 鞭打连环	14. 炎日当空
15. 牤牛闯阵	16. 转辕回驾

17. 金鸡叨米　　　　　18. 风卷残云

19. 喝山让道　　　　　20. 擎海横架

第三段

21. 箭贯石虎　　　　　22. 秀林摇风

23. 密竹连绵　　　　　24. 搅海翻浪

25. 煮海擒龙　　　　　26. 挑挂锦袍

27. 牤牛闯阵　　　　　28. 神鞭幻影

29. 灵猿戏蝶　　　　　30. 瞻前顾后

第四段

31. 崩弹投梭　　　　　32. 回身定莲

33. 崩压连环　　　　　34. 击钟连连

35. 龙卷狂风　　　　　36. 混沌力断

37. 暮归日沉

（二）反架

第一段

38. 星月倒转

39. 日跃东海　　　　　40. 推波助澜

41. 左右开弓　　　　　42. 拨舟罩网

43. 力劈天狼　　　　　44. 张弓射箭

45. 后羿发威　　　　　46. 九乌连坠

47. 白鹤欢舞

第二段

48. 足蹴挥鞭（右）　　49. 足蹴挥鞭（左）

50. 鞭打连环　　　　　51. 炎日当空

52. 牤牛闯阵　　　　　53. 转辕回驾

54. 金鸡叨米　　　　　55. 风卷残云

56. 喝山让道　　　　　57. 擎海横架

第三段

58. 箭贯石虎　　　　　59. 秀林摇风

60. 密竹连绵　　　　　　　61. 搅海翻浪

62. 煮海擒龙　　　　　　　63. 挑挂锦袍

64. 牤牛闯阵　　　　　　　65. 神鞭幻影

66. 灵猿戏蝶　　　　　　　67. 瞻前顾后

第四段

68. 崩弹投梭　　　　　　　69. 回身定莲

70. 崩压连环　　　　　　　71. 击钟连连

72. 龙卷狂风　　　　　　　73. 混沌力断

五、若木鞭套路动作图解

（一）正架

第一段

1. 预备式

（1）自然站立，全身放松，左手握鞭（手心向后），若木鞭粗头在下，右手下垂，目视前方（见附图 2-6）。

（2）右膝微屈，左脚尖划地向左横开一步，略宽于肩。左脚踏实，重心落在两腿间。两膝屈，身下沉，心中默数五下，身体带动两手臂微微向左转动（见附图 2-7）。

附图 2-6　　　　　　　　　　　　附图 2-7

2. 日跃东海

（1）身右转，左手持鞭随身转动，当若木鞭转到右膝时，右手握鞭，姿势与左手同（见附图2-8）。

（2）身左转，右手挥鞭向左上方打出，左手持鞭向左后方引带，重心略偏左腿，眼视鞭头，心中默数五下（见附图2-9）。

附图 2-8

附图 2-9

3. 推波助澜

（1）身右转，右手持鞭向右膝引化，左手推鞭向右上方运行，左脚收到右脚处成虚步（见附图2-10）。

（2）身左转至正前方，两手持鞭随身转动横在胸前（见附图2-11）。

（3）左脚向前迈一步，同时两手向正前方推若木鞭，高度与肩持平，两腿成弓步。眼视正前方，心中默数五下（见附图2-12）。

附图 2-10

附图 2-11

附图 2-12（正面）　　　　　　　　　附图 2-12（侧面）

4. 左右开弓

（1）右手推，左手拉，右手推鞭向左上方运行，左手顺势将鞭拉至左胸外侧，眼随若木鞭运动，目视左上方（见附图 2-13）。

（2）左手推，右手拉，左手推鞭向右上方运行，右手顺势将鞭拉至右胸外侧，眼随若木鞭运动，目视右上方，心中默数五下，步法不变（见附图 2-14）。

附图 2-13

附图 2-14（正面）　　　　　　　　　附图 2-14（反面）

5. 拨舟罩网

（1）退左步，两手随动，左下右上，向下扣打（见附图 2-15）。

（2）借势向身左侧拨划，鞭身后撩（见附图 2-16）。

附图 2-15　　　　　　　　　　　　　附图 2-16

6. 力劈天狼

（1）承上式，左手持鞭向左下方引化，右手持鞭向左前方击打（见附图 2-17）。

（2）右手持鞭向下向左后划弧至左腋下，左手随右手向上向右上方划弧。同时，身略左转，重心移至左腿，右脚向左脚自然靠拢，成虚步。眼视左后方，心中默数五下（见附图 2-18）。

附图 2-17　　　　　　　　　　　　　附图 2-18

（3）身下沉，右手转至左肩上方抓住若木鞭。右脚向右侧迈出一脚远，脚尖朝右，身右转，左手卡腰，右手持鞭向右前方划弧而出，手臂尽量伸长，若木鞭与地面所成角不得小于 45°，目视右前方（见附图

2-19）。

（4）全身松沉，微左转，左肘下沉微里合，右肘下沉里合。右手坐腕，同时向左微微转动，目视若木鞭，默数五下。

附图 2-19

附图 2-20

7. 张弓射箭

（1）身左转，右手持鞭向左划弧，左手向上向左划一小圈，接住旋转过来的若木鞭，手心向上，同时右脚随身上步至左脚里侧震脚（见附图 2-20 和附图 2-21）。

（2）身略下沉，右转，右脚向右侧搓出一脚远，脚尖朝右前方，左脚右脚随跟半步，两手持鞭随身向右击出，鞭与肚脐同高。目视右前方，默数五下（见附图 2-22）。

附图 2-21

附图 2-22

8. 后羿发威

（1）身略左转，左手持鞭向下划弧，右手持鞭向上划弧，转至若木鞭与地面垂直，右脚撤步至左脚内侧成虚步，目视右上方（见附图 2-23 和附图 2-24）。

附图 2-23

附图 2-24

（2）右脚向右侧迈一步，身右转，同时右手持鞭向下划弧，左手持鞭向上向右下划弧至右膝，左脚随跟半步成虚步，目视右下方（见附图 2-25 和附图 2-26）。

附图 2-25

附图 2-26

（3）身下沉，略左转再右转，双手持鞭随身向上向左向右划一圆弧，眼随鞭动（见附图 2-27）。

（4）左脚向左后侧撤步，约一步远，身左转成左弓蹬步，同时双手持鞭随身向左上方打出，目视左上方，默数五下（见附图 2-28）。

附图 2-27

附图 2-28

9.九乌连坠

（1）身右转，撤左脚至右脚内侧成虚步，同时双手持鞭向下向右划弧至身体右侧，划弧运行中，由左手在前变为右手在前（相对于若木鞭细头而言），眼随鞭动（见附图 2-29）。

附图 2-29

附图 2-30

（2）左脚向左侧上步，脚尖朝左，身左转，左脚蹬地跳起，先起右腿再起左腿，右脚先着地，左脚向左前方落地，重心略偏左脚，双手持鞭随右腿向上划弧，至身体右上方后再向左后划弧。在划弧中，前手变左手，后手变右手，划弧至左腿外侧，鞭头朝下，眼随鞭动（见附图 2-30、附图 2-31 和附图 2-32）。

附图 2-31

附图 2-32

（3）身略下沉，重心移至右腿，左脚后撤半步，再向前迈半步，两腿成左弓步。同时双手持鞭向下向左向上向前划弧击出，眼随鞭动，默数五下（见附图 2-33 和附图 2-34）。

附图 2-33

附图 2-34

10. 白鹤欢舞

（1）重心移至右腿，身左转，左脚后撤半步，同时双手持鞭随身向下转一周，若木鞭细头朝下，眼随鞭动（见附图 2-35 和附图 2-36）。

（2）左脚向前迈一脚远，身略右转，右脚跟进向右前方划弧，重心移至右腿，左脚掌划弧经右脚里侧上步于右脚左前侧一脚远，成左前虚步。同时右手自左腋下经眼前向右前外侧划弧，掌心向右前方，目视左前方，默数五下（见附图 2-37）。

附图 2-35

附图 2-36

附图 2-37（正面）

附图 2-37（侧面）

第二段

11. 足踹挥鞭（左）

（1）身略右转，左脚后撤至右脚里侧成虚步，同时左手持鞭向右向上划一圆弧，右手随身向下向右划弧，当若木鞭细头转过右肩头时，右手迅即用阴手握住鞭杆，左手随即也变阴手握住鞭杆，眼随鞭动（见附图2-38）。

（2）左脚向左侧迈一步远，脚尖朝前，身左转，成左弓蹬步，左手拉鞭向左后方运行，右手推鞭向左前方击打，目视左前方（见附图2-39）。

（3）身左转，左脚尖外摆，右脚向前踢出，左手持鞭带动右手向上经头顶划弧向右前方击出，两手手型不变，眼随鞭动（见附图2-40）。

（4）身继续左转，右脚向右前方搓出一脚许，左脚跟搓半步，两腿成马步，同时双手持鞭向上向左划弧，身略右转，两手持鞭随身向右击出，若木鞭约与肚脐同高，目视右前方，默数五下（见附图2-41）。

附图 2-38

附图 2-39

附图 2-40

附图 2-41

12. 足蹴挥鞭（右）

（1）右脚尖外摆，身右转，重心移至右腿，左腿向前踢出，同时两手挥鞭（左手在前，右手在后）向左向上经头顶划弧向左前方击出，两手手型不变，眼随鞭动（见附图2-42和附图2-43）。

附图 2-42

附图 2-43

（2）左脚向前落下，距右脚一脚远，重心移至左腿，身向左转，两手持鞭随身转动。

（3）右脚向前搓出一脚许，身略右转，左脚跟搓半步，两腿成马步，两手持鞭随身向右击出，若木鞭约与肚脐同高，目视右前方，默数五下（见附图2-44）。

附图 2-44（正面）　　　　　　　　　附图 2-44（反面）

13. 鞭打连环

（1）身略左转，重心移至左腿，右脚收到左脚内侧，成虚步，同时左手持鞭向下转至腰间，右手持鞭向上转至左额处，目视右前方（见附图 2-45）。

（2）身略右转，右脚向右侧搓一脚许，左脚跟进成虚步，重心移至右腿，同时右手向右向下划弧，左手向上向右向下划弧约至右膝处，目视右下方（见附图 2-46）。

附图 2-45　　　　　　　　　　附图 2-46

（3）身略左转，重心略移至左腿，右脚向右侧搓出一脚许，左脚跟进搓半步，两腿成马步，身略右转，同时左手持鞭向上向左向后划弧，右手持鞭向下向右向上划弧至鞭杆与地面平行，随身向右戳击，目视右前方，默数五下（见附图 2-47）。

附图 2-47

14.炎日当空

（1）右脚尖外摆 45°，身下沉，右转，成左盘步，双手持鞭随身转动，右手向下划弧，左手向上划弧，使鞭杆转至身体右侧，约与地面垂直，眼随鞭动（见附图 2-48）。

（2）身左转，左脚向左前方迈一步，两腿成左弓步，同时双手持鞭随身向左前方击打，目视左前方，默数五下（见附图 2-49）。

附图 2-48

附图 2-49

15.牤牛闯阵

（1）左后右前向前击打，再上右脚，划把左前右后向前击打（见附

图 2-50 和附图 2-51)。

（2）划把，左后右前向前击打，划把击打上部要连贯。

附图 2-50

附图 2-51

16. 转辕回驾

（1）身略沉，步型不变，左手持鞭向左后引带，右手持鞭向左上方击打，此为一；右手持鞭向右后引带，左手向右上方击打，此为二；左手持鞭向左后引带，右手持鞭向左上方击打，同时右脚跟进半步，身体前倾，略左转，此为三。目视左上方（见附图 2-52 ）。

附图 2-52（正面）

附图 2-52（反面）

（2）以左腿为轴，身向后转，右脚虚点地，双手持鞭随身转动，目视右前方（见附图 2-53 ）。

（3）右脚向右搓一脚许，左脚跟进搓半步，两腿成马步，身略右转，双手持鞭随身向右上方戳击，高于眼眉，目视右上方，默数五下（见附图 2-54 ）。

231

附图 2-53

附图 2-54

17. 金鸡叨米

（1）右脚前进，左脚跟进，两手握鞭向对方点戳（见附图 2-55）。

（2）连续点戳两次，连续上步两次，手脚配合好，点击对方面部或喉部。

附图 2-55

18. 风卷残云

（1）右手滑把至左手处，左脚上至右脚的右前上方，身转180°，棍随身转动（见附图 2-56）。

（2）转身，右脚后扫一周于前方，左脚再上一步，同时屈左膝，右腿下跪全身合力至棍，棍随身自右下而上转至头顶，向下劈砸（亦可跳起抡砸）（见附图 2-57）。

附图 2-56

附图 2-57

19. 喝山让道

（1）承上式，身下沉，右转，成左盘步，双手持鞭随身转动，右手持鞭向右下方引带，左手持鞭向左前方砸击，目视左前方（见附图2-58）。

附图2-58（正面）　　　　　　　　　　附图2-58（反面）

（2）身略起，左脚向前搓一脚许，右脚跟搓半步，两腿成半马步（附图2-59为弓步，或半马步），身略左转，双手持鞭随身向左上前方戳击，与眼眉同高，目视左前方，默数五下（见附图2-59）。

附图2-59（正面）　　　　　　　　　　附图2-59（反面）

20. 擎海横架

（1）身左转，重心略后移，撤左脚至右脚内侧，成虚步。双手持鞭随身转动，将若木鞭横放在胸前（见附图2-60和附图2-61）。

附图 2-60

附图 2-61（正面）

（2）承上式，双手持鞭向上横加，右腿向前上方蹬踢，眼随鞭动，目视上方，默数五下（见附图 2-62）。

附图 2-61（反面）

附图 2-62

第三段

21. 箭贯石虎

（1）承上式，右腿下落回原处，虚点地，右手持鞭向下向左后划弧至左腋下，左手持鞭随右手向右向下再向左后划弧至左腿外侧，眼随鞭动（见附图 2-63 和附图 2-64）。

（2）左脚后撤一步，左后转身，两腿成左弓步，左手持鞭随身转动，身形转过来后，左手持鞭向前击出，右手经胸前向后击发，掌心向下，两手臂在同一条直线上，目视左前方，默数五下（见附图 2-65）。

234

附图 2-63　　　　　　　　附图 2-64　　　　　　　　附图 2-65

22. 秀林摇风

（1）重心后移，身右转，左脚撤步至右脚内侧，左手持鞭随身向下向右再向上划一圆弧至胸前，右手自然向下划弧抓住若木鞭（粗头一端），身略左转，两手随身将鞭横于胸前，眼随鞭动（见附图 2-66）。

附图 2-66　　　　　　　　　　附图 2-67

（2）左脚向左前搓一脚远，右脚跟进搓半步，两腿成半马步，双手持鞭随身向左前方戳击，目视左前方，默数五下（见附图 2-67、附图 2-68 和附图 2-69）。

附图 2-68　　　　　　　　　　附图 2-69

23. 密竹连绵

（1）身右转，重心移至右腿，左脚收至右脚内侧，虚点地，身略下沉，双手持鞭随身转动，鞭杆向右后方扫击，眼随鞭动（见附图 2-70）。

附图 2-70

附图 2-71

（2）身左转，面朝正前方，双手持鞭随身转至胸前，左脚向左搓一脚远，右脚跟进搓半步，两腿成半马步，同时双手持鞭向左前方戳击，眼随鞭动，目视左前方，默数五下（见附图 2-71 和附图 2-72）。

附图 2-72

附图 2-73

24. 搅海翻浪

（1）重心移至右腿，左脚撤步至右脚内侧，成虚步，同时双手持鞭向上向左向下划一圆弧，眼随鞭动（见附图 2-73）。

（2）承上式，左脚向左前方搓一脚远，右脚跟进搓半步，成半马步，同时双手持鞭向左前方戳击，目视左前方，默数五下（见附图 2-74 和附图 2-75）。

附图 2-74

附图 2-75

25. 煮海擒龙

（1）身略左转，双手持鞭绕头顶自前向后划一圆弧，眼随鞭动（见附图 2-76 和附图 2-77）。

（2）承上式，身略右转，重心移至左腿，右脚随鞭杆提起，左脚蹬地，身体跃起，下落成左仆步，双手持鞭随身下落砸击，贴于地面，目视左下方，默数五下（见附图 2-78、附图 2-79、附图 2-80 和附图 2-81）。

附图 2-76

附图 2-77

附图 2-78

附图 2-79

附图 2-80

附图 2-81

26.挑挂锦袍

（1）起身，重心前移，双手持鞭随身而动。重心后移，撤左脚，成左虚步，双手持鞭随身向上挑击，眼随鞭动（见附图2-82）。

（2）身左转，重心移至左腿，挺直，右脚随身前移并提膝，同时左手向左下后方引带鞭杆，右手推鞭向左上方击打，眼随鞭动，目视左上方（见附图2-83）。

附图 2-82

附图 2-83

（3）右脚向右前侧迈一步，踏实，身右转，重心移至右腿，左脚跟进，在右脚里侧虚点地，双手持鞭随身转动，右手持鞭向右膝方向挂划，左手持鞭向右上方划弧，眼随鞭动，目视左上方，默数五下（见附图2-84）。

附图 2-84

附图 2-85

27. 牤牛闯阵

（1）左后右前向前击打，再上右脚，划把左前右后向前击打（见附图 2-85、附图 2-86 和附图 2-87）。

附图 2-86

附图 2-87

（2）划把，左后右前向前击打，划把击打上部要连贯。

28. 神鞭幻影

（1）身略左转，面朝正前，右手推，左手拉，右手推鞭向左上方运行，左手顺势将鞭拉至左胸外侧（第一次）；左手推，右手拉，左手推鞭向右上方运行，右手顺势将鞭拉至右胸外侧（第二次）；然后再重复第一次动作（第三次），眼随鞭动，目视左上方（见附图 2-89）。

附图 2-88

附图 2-89

（2）身左转，再右转，双手持鞭（左手在前，右手在后）绕头顶自左到右划弧，向左上方击打，同时提左膝，右腿伸直，目视左上方，默数五下（见附图 2-89、附图 2-90 和附图 2-91）。

附图 2-90

附图 2-91

29. 灵猿戏蝶

（1）身左转，左脚向左后方下落，重心移至左腿，双手持鞭随身在身体左侧自上而下划弧，在划弧过程中，左手变阴手为阳手滑把至右手前，眼随鞭动，此为一（见附图 2-92 和附图 2-93）。

　附图 2-92　　　　　　　　　　　　　　附图 2-93

（2）身右转，右脚向右后方撤步，重心移至右腿，双手持鞭随身在身体右侧自上而下划弧，手型不变，眼随鞭动。此为二（见附图 2-94 和附图 2-95 ）。

（3）第三、第五动作与第一动作相同，第四、第六动作与第二动作相同。

　附图 2-94　　　　　　　　　　　　　　图 2-95

30. 瞻前顾后

承上式，身左转，双手持鞭随身在身体左侧划弧向上撩击。左脚经右脚内侧向右后方撤步，身右转，双手持鞭随身经头顶上方向右后方击打（见附图 2-96 和附图 2-97 ）。

附图 2-96   附图 2-97（插步抢棍）

第四段

31. 崩弹投梭

（1）右手变到左手前用阴手握鞭，两手相距约一肩宽。身左转，上左步，重心移至左脚，提右膝，左脚蹬地跳起，双手持鞭随身向上横架，目视正上方（见附图 2-98）。

（2）右脚、左脚先后落下，相距一脚远，身右转，重心略移至右腿，双手持鞭随身向右后方划弧（见附图 2-99）。

附图 2-98   附图 2-99

（3）身略左转，左脚向左前方迈一步，两腿成左弓步，右手持鞭向右前方戳击，左手向左后方伸展，目视右前方，默数五下（见附图 2-100）。

32. 回身定莲

左脚尖内扣，右脚尖外摆，身右转，右手持鞭随身向右后下方戳击，左手向右划弧，用阴手握住鞭杆，随鞭运行，目视右下方，默数五下

（见附图 2-101 ）。

附图 2-100

附图 2-101

33. 崩压连环

（1）身略左转，重心左移，右脚撤步至左脚内侧，虚点地，同时左手持鞭向下划弧，右手持鞭向上划弧崩弹，鞭头高于眼眉。接着，身略右转，右脚向右侧搓一脚许，左脚跟进搓半步，两腿成半马步，双手持鞭随身向下砸压，眼随鞭动，目视右下方此为一（见附图 2-102 和附图 2-103 ）。

（2）再重复上述动作三次。

附图 2-102

附图 2-103

34. 击钟连连

右脚快速连续上步，左脚跟进，双手持鞭，连续快速向前方点击（见附图 2-104 ）。

附图 2-104

35. 龙卷狂风

承上式，右脚尖外摆，以右脚为轴向右向后转一周，同时右手滑把至鞭头，左手滑把跟进，双手持鞭随身绕头顶自左向右向后向左向前划一圆弧，眼随鞭动（见附图 2-105 和附图 2-106）。

附图 2-105

附图 2-106（正面）

附图 2-106（反面）

附图 2-107

36. 混沌力断

承上式，当双手持鞭划弧至脑后时，双脚跳起，脚后跟向后紧贴臀部，头向上领劲。双脚落地，相距一肩远，脚尖朝前，身下蹲，双手持鞭随身下蹲时，自脑后猛向前向下砸击，贴近地面。目视鞭杆，默数五下（见附图 2-107 和附图 2-108 ）。

附图 2-108 （正面） 附图 2-108 （侧面）

37. 暮归日沉

（1）起身，身略左转，左手向前滑把，抓住若木鞭的中心部位（手心朝上），随即向下向左后再向前划一圆弧，右手持鞭随左手向前向左后划弧至左腋下，眼随鞭动（见附图 2-109、附图 2-110 和附图 2-111 ）。

附图 2-109 附图 2-110

（2）身略右转，收右脚至左脚里侧，平行站立，左手持鞭在身体左侧自然下垂，右手自左腋下向右向下划弧，收于身体右侧，自然下垂，目平视前前，向外呼气，调息片刻，方可行走活动（见附图2-112和附图2-113）。

附图 2-111　　　　　　　　附图 2-112　　　　　　　　附图 2-113

（二）反架

第一段

38. 星月倒转（见附图 2-114、附图 2-115 和附图 2-116）

39. 日跃东海 　　　　　　40. 推波助澜

41. 左右开弓 　　　　　　42. 拨舟罩网

43. 力劈天狼 　　　　　　44. 张弓射箭

45. 后羿发威 　　　　　　46. 九乌连坠

47. 白鹤欢舞

附图 2-114　　　　　　　　附图 2-115　　　　　　　　附图 2-116

第二段

48. 足蹴挥鞭（右）　　　　49. 足蹴挥鞭（左）

50. 鞭打连环 　　　　　　51. 炎日当空

52. 牤牛闯阵 　　　　　　53. 转辕回驾

54. 金鸡叨米 　　　　　　55. 风卷残云

56. 喝山让道 　　　　　　57. 擎海横架

第三段

58. 箭贯石虎　　　　59. 秀林摇风

60. 密竹连绵　　　　61. 搅海翻浪

62. 煮海擒龙　　　　63. 挑挂锦袍

64. 牡牛闯阵　　　　65. 神鞭幻影

66. 灵猿戏蝶　　　　67. 瞻前顾后

第四段

68. 崩弹投梭　　　　69. 回身定莲

70. 崩压连环　　　　71. 击钟连连

72. 龙卷狂风　　　　73. 混沌力断

74. 收式

[说明]

（1）正架到第 37 式"暮归日沉"，倒手右手持棍，开始反架练习。

（2）如果一遍正架结束，则第 37 式就叫收式，如果连续反架合练，第 37 式叫"暮归日沉"，第 74 式为收式。